W0054673

Nichts wie raus in die Natur. Schon, schon. Wo aber entfaltet sich Natur in Deutschland so richtig? Wo wachsen Bäume noch als Urwälder? Und wo kommt der Mensch hierzulande in den Genuss, solche Ursprünglichkeit noch zu erleben?

Sie werden überrascht sein: Ein stolzes Drittel der Fläche Deutschlands bündelt sich als „Nationale Naturlandschaften", also als Biosphärenreservat, Natur- oder Nationalpark. Wo die Unterschiede liegen und wie sich Besucher dieser Gebiete verhalten sollen, beschreibt ein Gastkommentar zuständiger Verbände auf den Seiten 6/7. Herzlichen Dank für diese kompetente Unterstützung. Natürlich ist es eine Freude, die Natur mit dem eigenen Zuhause auf Rädern zu besuchen. Wo sich Stellplätze befinden, auf denen Reisemobile und mitunter sogar Caravans über Nacht stehen dürfen, listet dieses Buch auf. Es nennt die Charakteristika der jeweiligen Gebiete und der dazugehörigen Stellplätze. Außerdem macht es Appetit auf Aktivitäten draußen – und erklärt, was wo möglich ist.

Viel Spaß also, wenn es heißt: nichts wie raus in die Natur. Und dank diesem Buch weiß jeder, wo er sie am besten erleben kann. Viel Vergnügen dabei.

Claus-Georg Petri,
Stellvertretender Chefredakteur, Projektleiter

■ INHALT

■ LEGENDE STELLPLATZ-AUSSTATTUNG

 Behindertengerecht

 Entsorgung Kassettentoiletten

GRAU Entsorgung Grauwasser

Frischwasser

Grillplatz

 Haltestelle

Hotspot/WLAN

Hunde erlaubt

Lebensmittelladen

Liegewiese

 Restaurant

Stromanschluss

R Telefonische Reservierung möglich

WC Toilette

 Zentrum

Die Stellplatzdaten und Gebühren für Service beruhen auf Betreiberangaben. Nach Redaktionsschluss im Juni 2021 können sich Änderungen ergeben. Verlag und Redaktion übernehmen dafür keine Haftung. Alle Angaben wurden sorgfältig recherchiert und erfolgten nach bestem Wissen und Gewissen.

141 Stellplätze an/in Natur- und Nationalparks sowie Biosphärenreservaten

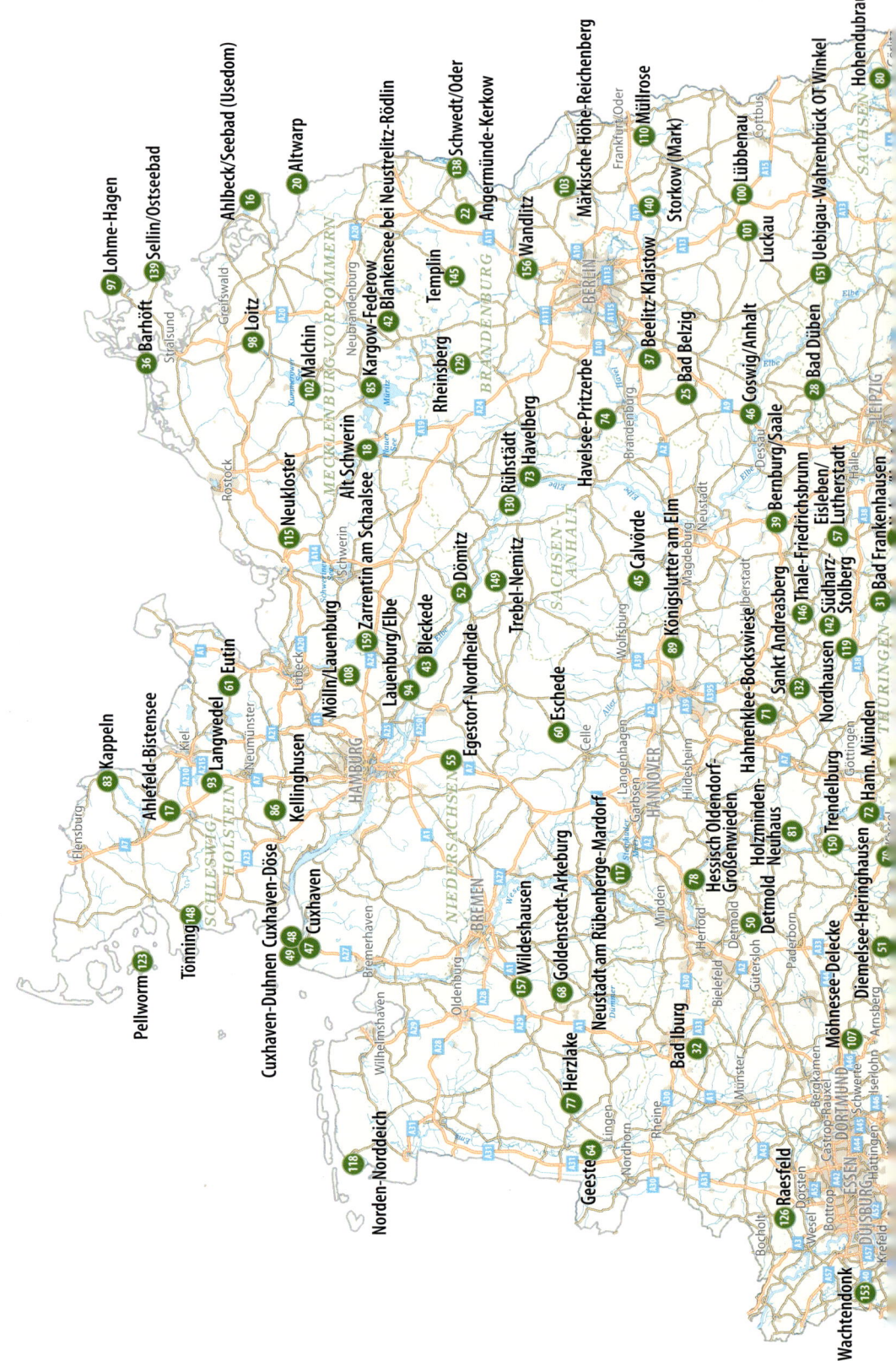

- 97 Lohme-Hagen
- 139 Sellin/Ostseebad
- Ahlbeck/Seebad (Usedom)
- 20 Altwarp
- 16 Loitz
- 36 Barhöft
- 98 Malchin
- 102 Malchin
- 85 Kargow-Federow
- 42 Blankensee bei Neustrelitz-Rödlin
- 22 Angermünde-Kerkow
- 138 Schwedt/Oder
- 103 Märkische Höhe-Reichenberg
- Wandlitz
- Templin
- 129 Rheinsberg
- 145
- 156 Wandlitz
- 140 Storkow (Mark)
- 100 Lübbenau
- 110 Müllrose
- 80 Hohendubrau
- 37 Beelitz-Klaistow
- 25 Bad Belzig
- 74 Havelsee-Pritzerbe
- 46 Coswig/Anhalt
- 28 Bad Düben
- 101 Luckau
- 151 Uebigau-Wahrenbrück OT Winkel
- 115 Neukloster
- 18 Alt Schwerin
- 130 Rühstädt
- 73 Havelberg
- 39 Bernburg/Saale
- 57 Eisleben/Lutherstadt
- 31 Bad Frankenhausen
- 159 Zarrentin am Schaalsee
- 52 Dömitz
- 149 Trebel-Nemitz
- Calvörde
- 89 Königslutter am Elm
- 45 Königslutter am Elm
- 146 Thale-Friedrichsbrunn
- 142 Südharz-Stolberg
- 119
- 108 Mölln/Lauenburg
- 94 Lauenburg/Elbe
- 43 Bleckede
- 55 Egestorf-Nordheide
- 60 Eschede
- 71 Hahnenklee-Bockswiese
- 132 Nordhausen
- 83 Kappeln
- Ahlefeld-Bistensee
- 93 Langwedel
- 61 Eutin
- 86 Kellinghusen
- 17
- 150 Trendelburg
- 72 Hann. Münden
- 123 Pellworm
- 148 Tönning
- 49 48 Cuxhaven-Duhnen Cuxhaven-Döse
- 47 Cuxhaven
- 157 Wildeshausen
- 68 Goldenstedt-Arkeburg
- 117 Neustadt am Rübenberge-Mardorf
- 78 Hessisch Oldendorf-Großenwieden
- 81 Holzminden-Neuhaus
- 50 Detmold
- 107 Diemelsee-Heringhausen
- 51 Möhnesee-Delecke
- 77 Herzlake
- 32 Bad Iburg
- 64 Geeste
- 118 Norden-Norddeich
- 126 Raesfeld
- 153 Wachtendonk

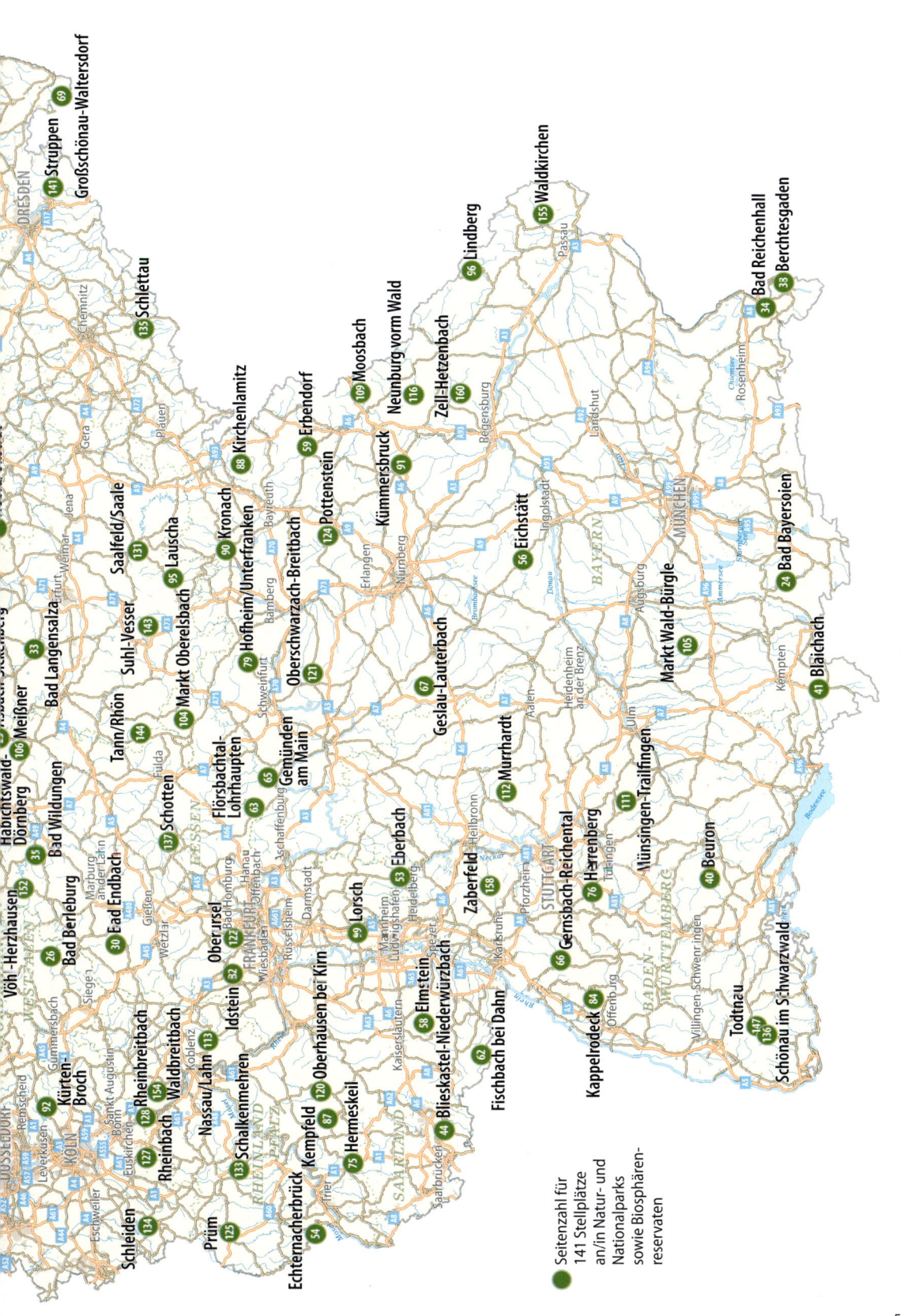

Struppen **141**
Großschönau-Waltersdorf **69**

Schlettau **135**

Waldkirchen **155**

Lindberg **96**

Bad Reichenhall **33**
Berchtesgaden **34**

Kirchenlamitz **88**

Moosbach **109**
Neunburg vorm Wald **116**
Zell-Hetzenbach **160**

Erbendorf **59**

Saalfeld/Saale **131**
Lauscha **95**
Suhl-Vesser **143**
Hofheim/Unterfranken **90**
Kronach **90**
Pottenstein **124**
Kümmersbruck **91**
Oberschwarzach-Breitbach **121**

Bad Langensalza **33**
Meißner **106**

Eichstätt **56**

Bad Bayersoien **24**

Tann/Rhön **144**
Markt Oberelsbach **104**
Schotten **137**

Gemünden am Main **65**
Flörsbachtal-Lohrhaupten **63**

Geslau-Lauterbach **67**

Markt Wald-Bürgle **105**

Bläichach **41**

Vöh.-Herzhausen **152**
Bad Berleburg **26**
Bad Endbach **30**
Bad Wildungen

Oberursel **127**
Idstein **32**

Eberbach **53**
Lorsch **99**

Murrhardt **112**

Münsingen-Trailfingen **111**
Herrenberg **76**

Beuron **40**

Kürten-Broch **92**
Rheinbreitbach **128**
Waldbreitbach **154**
Rheinbach **127**
Nassau/Lahn **113**

Schalkenmehren **133**
Oberhausen bei Kirn **120**
Kempfeld **87**
Hermeskeil **75**

Elmstein **58**
Blieskastel-Niederwürzbach

Zaberfeld **158**

Gernsbach-Reichental **66**

Schleiden **134**
Prüm **125**
Echternacherbrück **54**

Fischbach bei Dahn **62**

Kappelrodeck **84**

Todtnau **147**
Schönau im Schwarzwald **136**

● Seitenzahl für 141 Stellplätze an/in Natur- und Nationalparks sowie Biosphärenreservaten

Schatzkammern der Natur

Vom Wattenmeer an der Nordseeküste über ausgedehnte alte Buchenwälder und klare Seen im Tiefland oder Mittelgebirge, vom Alpenvorland bis hin zum Hochgebirge – die Natur in Deutschland ist vielfältig und einzigartig zugleich. Vereint als Nationale Naturlandschaften bewahren Biosphärenreservate, Naturparks, Nationalparks und ein zertifiziertes Wildnisgebiet auf 33 Prozent der Fläche Deutschlands faszinierende Natur und Landschaft.

Naturschutz-gebiet

Deutschlands Nationale Naturlandschaften

Mit einer gemeinsamen Stimme gewinnen wir als Bündnis der Großschutzgebiete möglichst viele Menschen dafür, faszinierende Natur zu bewahren, Freude in und mit der Natur zu erleben und mit Zuversicht die Zukunft nachhaltig zu gestalten – vor Ort, bundesweit und weltweit.

18 Biosphärenreservate (BR) verändern die Welt mit neuen Ideen, um nachhaltiges Zusammenleben von Mensch und Natur zu ermöglichen: für eine gemeinsame Zukunft auf unserem Planeten unter der Ägide der UNESCO.
104 Naturparks (NP) gestalten und vermitteln Natur- und Kulturlandschaften nachhaltig, damit Menschen durch die Natur und in der Natur Freude und Lebensqualität erleben und für die Entwicklung ihrer Region aktiv werden.
16 Nationalparks (NLP) erhalten wilde Natur, die Tieren und Pflanzen Lebensraum bietet, Menschen fasziniert und die natürliche Vielfalt unserer Erde fördert.
Die Nationalen Naturlandschaften sind für die Natur und die nachhaltige Entwicklung ebenso unverzichtbar wie für Naturerleben, Erholung und Gesundheitsvorsorge. Wir freuen uns, wenn Sie die Nationalen Naturlandschaften besuchen und möchten Ihnen drei Tipps geben, mit denen Sie die Arbeit der Schutzgebiete unterstützen und Ihren Urlaub bereichern können:

① **Besuchen Sie die Infozentren in den Gebieten – hier finden Sie interessante Ausstellungen über die Natur und Kultur der Region.** Nutzen Sie das vielfältige Angebot an Führungen in den Gebieten. Über Flyer, Magazine, Newsletter und Internetseiten finden Sie alle notwendigen Informationen.

② **Lernen Sie die regionalen Partner der Nationalen Naturlandschaften und ihre Produkte kennen:** Der frisch hergestellte Käse oder die Wildsalami für Ihr Picknick, ein Besuch im Restaurant, Hofladen oder auf dem Bauernmarkt bieten Ihnen Genuss und das Wissen, dass Sie die wertvolle Arbeit dieser Partner für ihre Region unterstützen.

③ **Tragen Sie aktiv dazu bei, Natur und Landschaft zu bewahren: Beachten Sie bei Ihren Ausflügen Hinweisschilder und Wegeführungen und nutzen Sie ausgeschilderte Stellplätze.** Hunde sind erwünscht, aber nur an der Leine, um Wildtiere zu schonen. Abfall bitte wieder mitnehmen. Kein Feuer in der Natur.
Denken Sie bitte daran: Die vielfältige Natur, die Sie gern erleben, ist gleichzeitig der Lebensraum wertvoller und oft gefährdeter Tier- und Pflanzenarten.

Vielen Dank, Ihre

Nationale Naturlandschaften e. V.
Verband Deutscher Naturparke e. V.

Weitere Informationen:
www.nationale-naturlandschaften.de
www.naturparke.de

Campingurlaub in Skagen
an der Küste Nordjütlands

LASSEN SIE SICH VON DER SCHÖNEN NATUR ÜBERWÄLTIGEN

„Skagen Sydstrand Camping - Bunken" in Nordjütland besticht durch seine fantastische Lage am Kattegat, 14 km südlich von Skagen. Der Campingplatz ist mit seinem direkten Zugang zu Wald und Strand das ideale Feriendomizil für Kinder und Erwachsene. Der schöne und kinderfreundliche Sandstrand lädt zum Spielen und Spazierengehen ein, das Meer zu einem erfrischenden Bad für Groß und Klein. In der Bunken Klitplantage finden Sie eine Vielzahl an reizvollen Wanderpfaden, und die Wanderdüne Råbjerg Mile ist bequem zu Fuß erreichbar. Die Gegend bietet sich außerdem für Fahrradtouren an, u.a. nach Skagen, an die Westküste, nach Kandestederne und ins Adlerreservat.

WAS ERLEBEN SIE IN NORDJÜTLAND?

Z.B. Vom Campingplatz sind es nur 6 Kilometer bis zur Råbjerg-Meile. So können Sie bequem zu Fuß oder mit dem Fahrrad zur beeindruckenden Wanderdüne fahren, die mit über 100 Hektar zu den größten ihrer Art in Europa gehört. Die Råbjerg Meile ist immer einen Besuch wert. Es gibt zahlreiche weitere Naturerlebnisse wie die Råbjerg-Meile in Nordjütland, und vor allem befinden sich diese in überschaubarer Entfernung vom Campingplatz. Das Fahrrad ist ein naheliegendes Transportmittel, um zu den verschiedenen Sehenswürdigkeiten zu gelangen. In erster Linie ist es natürlich naheliegend, auf das Fahrrad zu steigen und nach Skagen zu fahren, das sich in überschaubarer Entfernung befindet. In und um Skagen selbst finden Sie unzählige Sehenswürdigkeiten,

Skagen

Skagen Sydstrand Camping – Bunken

Frederikshavn

Aarhus

København

Vejers Strand Camping

Hvidbjerg Strand Feriepark

Esbjerg

Odense

Hamborg – Skagen Sydstrand Camping: 540 km

die Sie leicht einen ganzen Tag oder sogar mehrere Tage lang erleben können.

STRÄNDE

Direkt neben dem Campingplatz liegt unser eigener familienfreundliche Strand. Die watteweichen, weißen Sandstrände erstrecken sich über eine Länge von vielen Kilometern. Einige davon sind sehr kinderfreundlich und an anderen darf man sogar mit dem Auto fahren. Weitere wunderschöne Strände befinden sich in Sæby im Osten, entlang der Küste bei Frederikshavn, nördlich von Skagen oder entlang der Westküste bei Hirtshals. Es gibt zahlreiche Strände und Möglichkeiten, ob mit flachem Wasser und fast keinen Wellen oder für Liebhaber an großen, anspruchsvollere Wellen – hier wird jeder fündig.

Skagen Sydstrand Camping
Ålbækvej 288, 9982 Ålbæk
T. +45 98 48 71 80
info@skagensydstrand.dk
www.skagensydstrand.dk

Fotos: Lars Thomsen

Van-Life & Lifestyle Camping
in der wildromantischen Natur

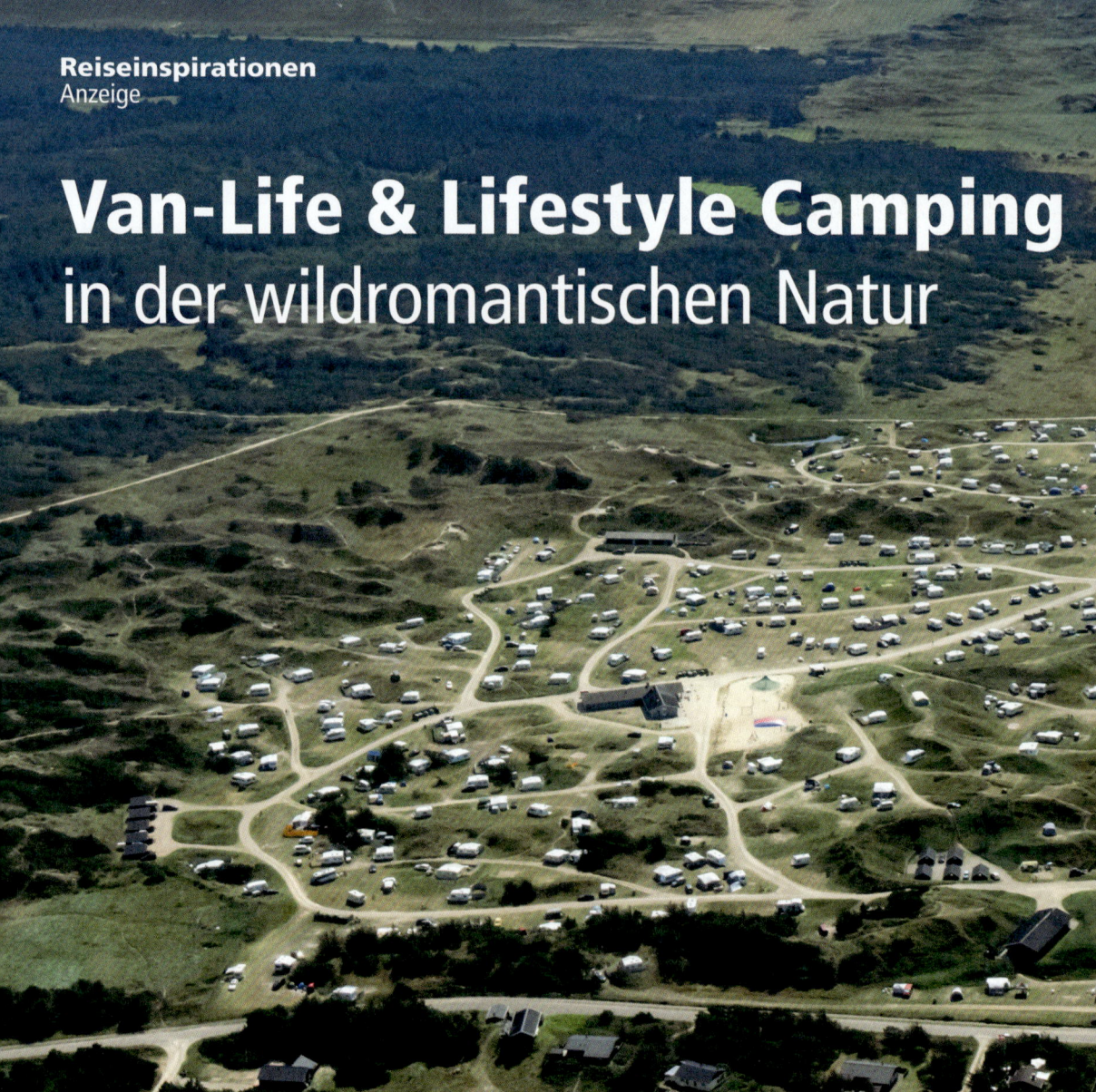

EINFACH. URLAUB. MACHEN.

Der Camping Platz in Vejers Strand ist wie ein großes Naturspektakel, in der Gast die Hauptrolle spielt. Ob groß oder klein, ob Benz oder Bulli – alle, die die Ursprünglichkeit in den Dünen an der Nordsee lieben, sind herzlich willkommen. Lifestyle Camping pur. Und wenn der Tag zur Neige geht, dann gehört der megalange Strand einem allein. Mit dem im Meer schwimmen gehen, ein Lagerfeuer machen, auf Bernsteinjagd gehen - in Vejers Strand ist alles möglich.

FREIE AUSWAHL

Die Plätze für Zelte, Wohnwagen und Wohnmobile sind unterschiedlich groß. Mal liegen sie einsam in den Dünentälern, mal auf den Dünenkämmen mit exklusiver Weitsicht. Tagsüber fährt man mit dem Wohnmobil direkt auf den Strand und abends wieder zurück auf die Parzelle.

DAS ABENTEUER WARTET

Wer ist zum letzten Mal mit einem Bike durch Dünenwälder gefahren? Lust auf Paragliding oder Surfen? Bereit für einen Motorradritt am Strand? Oder wie wäre es im Frühjahr mit Heilbuttangeln? Vejers Strand ist der aufregendste Hotspot dafür. Kleine Camper werden den Spielplatz lieben und die grenzenlose Freiheit des Camps nie vergessen. Übrigens: Schon einmal Füchse und Rotwild in freier Wildbahn gesehen? Vejers Strand macht's möglich.

DIE NATUR NEU ENTDECKEN

Sich wie in den besten Kindertagen fühlen. Picknick in den Dünen, Wanderungen mit dem Hund am Strand und in den Wäldern, Joggen oder einen Drachen steigen lassen – Vejers Strand ist ein großes Naturparadies und will entdeckt werden. Der Campingplatz liegt nur wenige Schritte vom Strand entfernt. Und weil es kaum größere Lichtquellen gibt, sieht man in den Abend- und Nachtstunden Millionen von Sternen. Vejers Strand ist Romantik pur.

Vejers Strand Camping
Vejers Sydstrand 3, 6853 Vejers Strand
T. +45 75 27 70 50
info@vejersstrandcamping.dk, www.vejersstrandcamping.dk

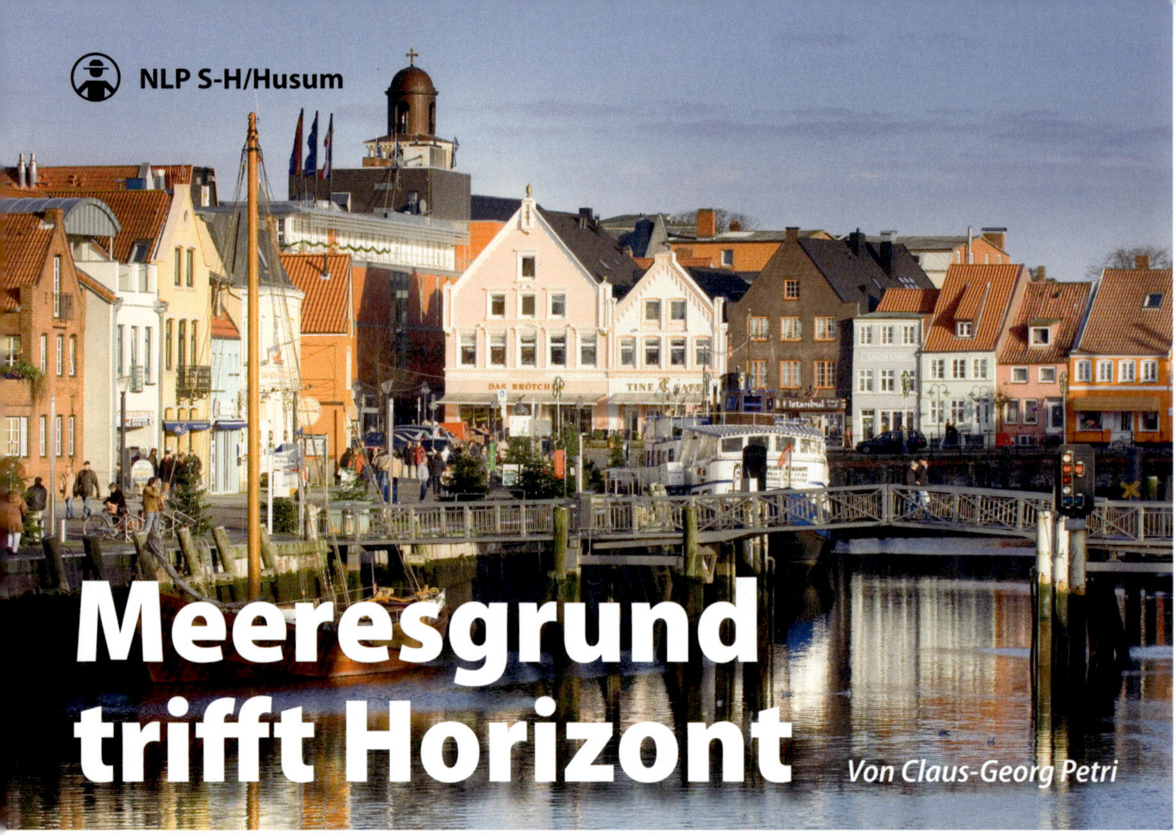

Meeresgrund trifft Horizont

Von Claus-Georg Petri

Fotos: Nordseetourismus; Hans-Ulrich Rösner/WWF; Archiv

Mal Meer, mal Land: Zweimal am Tag füllen sich bei Flut die Priele und das Watt mit Wasser, dazwischen zieht sich das Meer bei Ebbe wieder zurück. Das ist die Zeit der Wattwanderer. Landratten vergnügen sich derweil in einer Stadt, etwa in Husum.

Auf und nieder: Die Dynamik des Tidenhubs kennzeichnet den Nationalpark Wattenmeer. Der reicht von den Niederlanden bis hinauf nach Dänemark und landet dabei auch in Husum an. Die Stadt in Schleswig-Holstein liegt an der Nordsee und trägt – Theodor Storm, dem großen Sohn Husums sei Dank – den Beinamen „graue Stadt am Meer".

Dabei haben es die gut 23.000 Einwohner alles andere als trist: Schon im Frühsommer entfaltet Husum seine bunte Vielfalt, die sich in farbenfrohen Häusern und Kuttern rund um den Hafen widerspiegelt. Außerdem lockt, je wärmer es draußen wird, die Nordsee.

Besonders an der Husumer Bucht gibt es reichlich Gelegenheit, die nordfriesische Natur zu erleben. Schließlich lässt sich die wunderbare Welt des Nationalparks Wattenmeer mit ihren Inseln und Halligen auf naturkundlichen Führungen mit Nationalpark-Rangern oder mit Natur- und Landschaftsführern erkunden.

Um seine Neugier stillen zu können, findet der Naturliebhaber mit dem Nationalpark-Haus direkt am Husumer Binnenhafen ein Tor in den Nationalpark, um die Vielfalt des Wattenmeers trockenen Fußes kennenzulernen.

Wie schmeckt denn das? Fischer bieten Gästen, zu denen auch Urlauber gehören, Krabben frisch vom Kutter an. So lecker.

Für Familien ist die Ausstellung rund um den Nationalpark Wattenmeer ein Muss, weckt sie doch Verständnis für den Lebensraum, der gerade besucht wird: Welche Vögel fliegen hier? Warum häuft der Wattwurm Sandhäufchen an? Woher stammen die Krabben? Und wohin schwimmen die Robben? Außerdem erfahren Besucher, wo wann welche Angebote im Nationalpark für sie bestehen, etwa die nächste Wattwanderung. Wer sich auf die Welt der Fische einlässt, staunt an zwei Aquarien.

Dennoch: Wattwandern – so heißt das Zauberwort. Dann geht es barfuß hinaus über den kurz zuvor noch vom Nordseewasser umspülten Meeresgrund. Tatsächlich: Unvermutet viele Tiere tummeln sich im Sand und in den

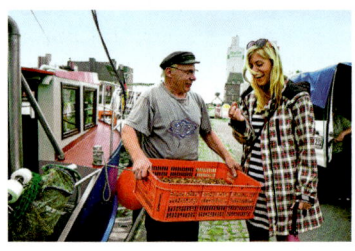

MOBIL IN HUSUM

Husum liegt in Nordfriesland im Bundesland Schleswig-Holstein. Hier leben gut 23.000 Menschen. Ihre Lage an der Nordsee und der Husumer Bucht macht die Stadt zu einem beliebten Ziel für Naturfreunde, zu denen auch Reisemobilisten gehören. Sie lockt besonders die Nähe zum Nationalpark Schleswig-Holsteinisches Wattenmeer.

Beim Wattenmeer handelt es sich um den größten Nationalpark zwischen Nordkap und Sizilien. Seit mehr als 20 Jahren gehört die gesamte Westküste Schleswig-Holsteins zum Nationalpark Schleswig-Holsteinisches Wattenmeer: Das Wattenmeer ist weltweit einzigartig. 2009 wurde es von der UNESCO als Weltnaturerbe anerkannt.

ℹ️ Tourist Information, Altes Rathaus, Marktplatz, 25813 Husum, Tel.: 04841/89870, www.husum-tourismus.de Hier gibt es auch Termine für Wattwanderungen. Nationalparkhaus, Hafenstraße 3, 25813 Husum, Tel.: 04841/668530, www.husum-tourismus.de

🚐 Husum-Porrenkoog: Loofs Wohnmobilhafen, Dockkoogstraße 7, 04841/2034, www.fischhausloof.de

⛺ Husum-Simonsberg: Nordseecamping zum Seehund, Lundenbergweg 4, 25813 Husum-Simonsberg, Tel.: 04841/3999, www.nordseecamping.de

Was ist denn das? Besonders Kinder staunen über das vielfältige Leben im Sand. Überall wuselt und blubbert es. Wattwandern ist sehr beliebt, umfangreiche Infos dazu gibt es im Nationalparkhaus in Husum.

Prielen. Der ortskundige Führer kennt sie alle – und ihre Verstecke auch. Ein Erlebnis besonders für Eltern mit Kindern, egal welchen Alters.

Husum ist außerdem Sitz von Naturschutz- und Umwelt-Organisationen, die sich um den Erhalt und die nachhaltige Entwicklung der Naturlandschaft bemühen. Seit 2008 ist Husum ebenfalls Standort des Landesbetriebs für Küstenschutz, Nationalpark und Meeresschutz Schleswig-Holstein.

Die Ausstellung im Nationalparkhaus ist ganzjährig geöffnet: montags bis samstags von 10 bis 18 sowie sonn- und feiertags von 13 bis 17 Uhr. Der Eintritt ist frei, um eine Spende wird gebeten.

Lido di Venezia | **Venezia** | Murano | Sant' Erasmo | Aeroporto Marco Polo | Burano
Punta Sabbioni

ZIEL:
Open Air

Open Air in Cavallino Treporti ist gleichbedeutend mit Lebensstil, eine authentische Art, die Nuancen und Düfte der Natur in engem Kontakt mit diesem Land kennenzulernen, das unvergessliche Erlebnisse bietet. Zu Fuß, mit dem Ruder- oder Elektroboot, zu Pferd oder mit dem Fahrrad zu einer Fotosafari, Birdwatching oder aber nur, um sich sportlich zu betätigen.
Die angebotenen Szenarien sind reich an biologischer Vielfalt und Einzigartigkeit. Hier können Flamingos, Stelzenläufer, Seidenreiher etc. bewundert werden. Bei der Küste von Cavallino Treporti handelt es sich in der Tat um eine Halbinsel, die durch die Vielfalt ihrer Landschaften verführerisch beeindruckt: Ein 15 Kilometer goldfarbener Strand, der sich in einer mediterranen Flora sanft zum Meer, zu den Dünen sowie zu den Pinienwäldern hin erstreckt.
Des Weiteren sind nicht nur die Befestigungsanlagen,

sondern auch historische Dörfer, Gemüsegärten und Lagunenlandschaften von großem ökologischem Wert. 1987 wurde Cavallino Treporti in das Weltkulturerbe der UNESCO unter "Venezia e la sua Laguna" (Venedig und ihre Lagune) aufgenommen.

Für weitere Informationen:
www.visitcavallino.com visitcavallino

Fotos: Franco Cogoli, Archiv Camping Cà Savio, Eugenio Bersani

Südtirols schönster Camping-platz im Apfel- und Weinparadies

Der Camping-Park Steiner, die grüne Oase in der Apfelstadt Leifers, bietet vom kuscheligen Schlaffass, über Holz-Bungalows und Camping-Stellplätze bis zum Loft mit Dachterrasse alles für Ihren ganz besonderen Urlaub. In dem angrenzenden Restaurant ist bestimmt für jeden Geschmack das Richtige dabei. Ob Pasta, Pizza, Salatteller oder saftige Lammkoteletts. Sie haben die Wahl!

Nur 7 km von Bozen entfernt, mit guten Verkehrsanbindung an die öffentlichen Netze, ist der Camping-Park ein idealer Ausgangspunkt für unzählige Entdeckungstouren, um Südtirol in seiner Vielfalt zu erkunden.
Und? Lust auf Südtirol bekommen?
Dann buchen Sie gleich Ihren nächsten Urlaub im Hotel | Restaurant | Camping Steiner in Leifers bei Bozen!

Für weitere Informationen:
T. +39 0471 950 105, www.campingsteiner.com
T. +39 0471 954 225, www.hotelsteiner.com

■ GRÜNE INSEL AM MEER

Informationszentrum
am alten Bahnhof
Bäderstraße 5
17406 Usedom
Tel.: 038372/76310
www.naturpark-usedom.de

Fläche in km²: 590
Gegründet: 1999
Geografische Lage: Deutscher Teil
der Insel Usedom bis zur polnischen
Grenze
Das gibt's: Küste mit Steilküste und
Windwatten, naturnahe Binnenküste
von Peenestrom, Stettiner Haff und
Achterwasser
Erlebnis: Wandern, Radeln, Schwim-
men, Naturführungen, Vögel beob-
achten, Angeln

Caravanplatz Am Wiesenrand

Gothenweg 5
17419 Ahlbeck/Seebad (Usedom)
Tel.: 038378/30373
www.caravan-camping-usedom.de

*Großzügige, mit Hecken abgetrennte Stellplätze am Orts-
rand, 0,8 km vom Strand entfernt*

GPS: 53°56'27.17"N/14°10'37.50"E

Platz: 🅿 🚐/🚗🚐 = 27 auf Schotterrasen, Wiese.
♿ 🐕 ➡ 🚿 WC CHEM GRAU 📶 ⚓ ✗. 🅡 wird
empfohlen. Geöffnet: 15.3.-31.10.
Preis: Ab 13,50 € inkl. Wasser, Entsorgung, WC. Jede
weitere Pers. 5 €, Kind (bis 16 J.) 2 €, Strom
0,60 €/ kWh, Dusche 1 €, Kurtaxe 2,70 €/10-14 J.
1,60 €, WLAN 2 €/Tag, Hund 1 €, Waschmaschine
3 €, Trockner 2 €. 1.5.-30.9. 15,50 €. NS 13,50 €.
Distanz: 🄷 0,3 km, 🛒 0,3 km, 🛏 1 km, 🍽 1,5 km.
Gastro: Restaurant "Fischer's Fritz", Brötchenservice
zum Fahrzeug, Karls Kneipe (0,6 km).

Freizeit: 🏊 0,5 km, 🚲 0,5 km. Therme 0,5 km.
POI: Historische Seebrücke, Informationszentrum
am alten Bahnhof 8,9 km.
Anfahrt: A20 Ausfahrt Jarmen/Gützkow → Wolgast/Use-
dom, in Wolgast auf der B111 → Ahlbeck, nach
35 km bei Seebad Ahlbeck am Netto vorbei,
rechts in den Gothenweg.
Kontakt: Hans-Dieter Arndt, ☎ 038378/30373,
info@caravan-camping-usedom.de,
www.caravan-camping-usedom.de
Weitere Stellplätze: www.usedom.de/camping

■ KLEINSTER NATURPARK SCHLESWIG-HOLSTEINS

Naturpark Hüttener Berge
Schulberg 6
24358 Ascheffel
Tel.: 04356/9949545
**www.naturpark-
huettenerberge.de**

Fläche in km²: 219
Gegründet: 1970
Geografische Lage: Im nordöst-
lichen Teil Schleswig-Holsteins, im
Kreis Rendsburg-Eckernförde
Das gibt's: Durch die Eiszeit geformte
Endmoränenlandschaft, Binnen-
dünen, große und kleine Seen,
Wälder, Moore
Erlebnis: Wandern, Radeln, Schwim-
men, Naturführungen, Boot fahren,
Angeln

NORD-OSTSEE-KANAL

Ferienplatz bei Matz

Mühlenweg 1/Bistenseemühle
24358 Ahlefeld-Bistensee
Tel.: 04356/1067
www.ferienplatz-matz.de

*Feriengelände mit Campingplatz inmitten des Naturparks
Hüttener Berge*

GPS: 54°23'50.00"N/9°42'44.00"E

Platz: ⊟/⊟ = 6 auf Wiese. ⚡ = 8 (16 A)
🚿 WC CHEM GRAU 🛜 ⚓ ⚓ 🐕. Ganzjährig
geöffnet.
Preis: 15 € inkl. Wasser, Entsorgung, WC, WLAN. Jede
weitere Pers. 5 €, Strom 0,50 €/kWh, Dusche
1 €/5 min, Hund 2 €, Waschmaschine/Trockner
3 €. Größere Womos 2 € extra.
Distanz: Ⓗ 1 km, 🛒 1 km, 🛒 5 km, 🚉 10 km.
Freizeit: ≈ 0,6 km, 🚲 5 km. Minigolf, Rennstrecke für
Modellautos am Platz, Boot fahren, Angeln und
Badestelle am Bistensee 0,4 km, Badesee 1 km,

Reiterhof in Wittensee 5 km, Ostsee 10 km.
POI: Schwebefähre und Hochbrücke in Rendsburg
10 km, Schloss Haithabu in Haddeby 18 km,
Schloss Gottorf und Dom in Schleswig 20 km.
Anfahrt: Von Bistensee in → Kleinwittensee.
Kontakt: Familie Matz, ☎ 04356/1067, noma48@
aol.com, www.ferienplatz-matz.de
Weitere Stellplätze (siehe auch www.bordatlas.de):
Wohnmobilstellplatz am Noor, Kakabellenweg, 24340
Eckernförde, www.stellplatzamnoor.de und weitere:
www.ostseebad-eckernfoerde.de/wohnmobil-camping

■ WEITE WÄLDER – STILLE SEEN

Kultur- und Informationszentrum
Karower Meiler
Ziegenhorn 1
19395 Plau am See-Karow
Tel.: 038738/70292
www.naturpark-nossentiner-schwinzer-heide.de

Fläche in km²: 365
Gegründet: 1994
Geografische Lage: Im Osten der Mecklenburgischen Seenplatte zwischen Plau am See, Goldberg, Krakow am See, Malchow und Waren/Müritz
Das gibt's: Weite Wälder, stille Seen, historische Kirchen, Klöster und Gutshäuser
Erlebnis: Wandern, Radeln, Angeln, Kanu fahren

EUROPÄISCHES VOGELSCHUTZGEBIET

Inselcamping Werder

Insel Werder 8
17214 Alt Schwerin
Tel.: 039932/42074
www.inselcamping-werder.de

Inmitten vom Plauer See auf der Insel Werder, mit Seezugang

GPS: 53°29'7.83"N/12°19'20.23"E

Platz: ⬛ 🚐 = 14 auf Schotterrasen. 🐕 ➤ = 10 (10 A) 🔌 WC CHEM/Bio GRAU 📶 🚿 ✂ 🛝. Sauna. Leinenpflicht für Hunde. Im Winter eingeschränkter Service. Ganzjährig geöffnet.

Preis: 19,80 € inkl. Strom, Entsorgung, WC, Müll-Entsorgung, WLAN. Kind (bis 14 J.) gratis, jede weitere Pers. 5 €, Wasser 0,50 €, Hund 2 €. 15,80 € ohne Strom, Entsorgung, WC. Hunde ohne Leine 80 €.

Distanz: 🚌 , 🛒 4 km, Ⓗ 4 km, 🏖 4 km.

Gastro: Fischerei Alt Schwerin, Kleine Kneipe.

Freizeit: Wassersport, Anleger der Weißen Flotte 2 km, Naturpark Nossentiner-Schwinzer Heide 6 km.

POI: Museen der Stadt Malchow, Agrarhistorisches Museum/Museumsmühle 4 km, Naturpark-Infozentrum Karower Meiler 8,8 km.

Anfahrt: B192, in Alt Schwerin zur Forellenzucht abbiegen, der Beschilderung folgen.

Kontakt: Inselcamping Werder, ☎ 039932/42074, info@inselcamping-werder.de, www.inselcamping-werder.de

Weitere Stellplätze: www.auf-nach-mv.de/camping

◼ LANDSCHAFT AN NATURBELASSENER HAFFKÜSTE

Naturpark Förderverein
Am Bahnhof 4
17367 Eggesin
Tel.: 039779/29680
www.naturpark-am-stettiner-haff.de

Fläche in km²: 537
Gegründet: 2005
Geografische Lage: Im Nordosten Mecklenburg-Vorpommerns, direkte Grenzlage zu Polen
Das gibt's: Herrenhaus in Heinrichsruh, Schloss Rothenklempenow, Wander- und Radwege
Erlebnis: Wandern, Radeln, Reiten, Wassersport

Stellplatz Am Hafen

Seestraße
17375 Altwarp
Tel.: 0151/19338339

Auf dem Hafengelände mit Blick über das Stettiner Haff und nach Neuwarp in Polen

GPS: 53°44'23.38"N/14°16'13.41"E

Platz: 🅿 🚐/🚗🚐 = 67 auf Schotterrasen, Naturboden, Pflaster, Wiese. ♿ 🐕 ⛽ = 46 (16 A) 🔌 WC CHEM GRAU 📶 🚿 🐎. Hundestrand, Badestrand. Ganzjährig geöffnet.
Preis: 15 € inkl. Strom, Entsorgung, WC, Müll-Entsorgung. Wasser 1 €/100 l, Dusche 1 €/6 min, Hund 2 €. Anmeldung/Bezahlung beim Hafenmeister.
Distanz: 🍴 0,1 km, weitere Restaurants in 0,3 km, Ⓗ 0,3 km, 🛒 0,4 km, ⛱ 0,5 km.
Gastro: Fangfrischer Fisch bei den Hafffischern.
Freizeit: Kutterfahrten auf dem Haff/zum Kaiserkanal

und nach Polen (Neuwarp/Stettin), Heimatstube, Fischereibesuch 0,1 km, FKK-Strand 3 km.
POI: Wanderdünenlandschaft 0,2 km, Bockwindmühle 0,4 km, denkmalgeschützte Kapitänshäuser 0,5 km, Wacholdertal 1 km.
Anfahrt: Von Pasewalk nach Eggesin → Ueckermünde. Weiter → Altwarp, auf der linken Hafenseite.
Kontakt: Hafenwart, Mobil: 0151/19338339, awa@altwarp-online.de
Weitere Stellplätze:
www.vorpommern.de/camping-ostsee

NEU. CROSSCAMP LITE.
MEHR RAUM. MEHR FREIHEIT.

Der neue CROSSCAMP LITE. Dein Fahrzeug für den Alltag. Dein Fahrzeug für Abenteuer. Variabler Stauraum oder bis zu sieben Sitzplätze helfen dir tägliche Herausforderungen zu meistern. Vier Schlafplätze und ein fest installierter Kocher machen den CROSSCAMP LITE zu einem vollwertigen Reisefahrzeug für spontane Ausflüge und große Touren. Dein Alltagsfahrzeug zum Campen.

JETZT BEI DEINEM CROSSCAMP PARTNER.

WWW.CROSSCAMP.COM

KRANICHLAND VOR DEN TOREN BERLINS

NABU-Erlebniszentrum
Blumberger Mühle
Blumberger Mühle 2
16278 Angermünde-Kerkow
Tel.: 03331/26040
**www.schorfheide-chorin-
biosphaerenreservat.de**

Fläche in km²: 1.292
Gegründet: 1990
Geografische Lage: Im nord-östlichen Teil Brandenburgs, größtenteils in Uckermark und Barnim, zwischen Templin, Angermünde und Eberswalde, Jungmoränenlandschaft
Das gibt's: Kulturlandschaft mit 240 Seen, tausenden Mooren, ausgedehnten Wäldern, Wiesen und Äckern
Erlebnis: Wandern, Führungen, Radeln, Baden, Boot fahren, Vögel beobachten, Angeln

FORSCHUNGSSCHIFF SOLAR EXPLORER AUF DEM WERBELLINSEE

NABU-Erlebniszentrum Blumberger Mühle

Blumberger Mühle 2
16278 Angermünde-Kerkow
Tel.: 03331/26040
www.blumberger-muehle.de

Reisemobilstellplatz am Erlebniszentrum im Biosphärenreservat Schorfheide-Corin

GPS: 53°2'8.75"N/13°58'6.11"E

Platz: = 5 auf Pflaster, Wiese, Schotter, Naturboden. . Ganzjährig geöffnet.
Preis: Übernachtung gratis.
Distanz: 0,1 km, 0,1 km, 5 km, 7 km.
Gastro: Restaurant Blumberger Mühle, warme Küche April-Oktober: Montag-Sonntag 11:30-16:00 Uhr, November-März abweichende Öffnungszeiten.
Freizeit: 3 km, 5 km. NABU-Naturerlebniszentrum Blumberger Mühle, Exkursionen mit Anmeldung, Sonderveranstaltungen (siehe Web-

seite), geführte Wanderungen mit Anmeldung, Lenne Landschaftspark 3 km.
POI: Historischer Stadtkern Angermünde 7 km.
Anfahrt: A11 Ausfahrt Joachimstal → Angermünde.
Kontakt: NABU e.V., ☎ 03331/26040, blumberger. muehle@nabu.de, www.blumberger-muehle.de
Weitere Stellplätze (siehe auch www.bordatlas.de):
Parkplatz Am Oberwall, 16278 Angermünde,
Tel.: 03331/297660, www.angermuende-tourismus.de
Ökohof Engler, Serwester Dorfstraße 72, 16230 Chorin,
Tel.: 0170/2106589, www.oekohof-engler.de

MITTEN IN DEUTSCHLAND

Naturparkzentrum Fürstenhagen
Dorfstraße 40
37318 Lutter-Fürstenhagen
Tel.: 0361/573915000
www.naturpark-ehw.de

Fläche in km²: 858
Gegründet: 2011
Geografische Lage: Entlang der Ländergrenze Hessen – Thüringen
Das gibt's: Werratal mit steilen Felswänden und naturnahen Auen, Muschelkalkplateau des Eichsfelds mit Streuobstwiesen, uralte Buchenwälder des Hainichs
Erlebnis: Wandern auf Rund- und Topwanderwegen, Radeln, unterwegs mit dem Wanderführer, Wasserwandern

WANDERBUS IN DREI KREISEN

Grenzmuseum Schifflersgrund

Platz der Wiedervereinigung 1
37318 Asbach-Sickenberg
Tel.: 036087/98409
www.grenzmuseum.de

Am thüringisch-hessischen Grenzmuseum im Naturpark Eichsfeld-Hainich-Werratal

GPS: 51°17'2.70"N/9°59'43.80"E

Platz: P = 5 auf Wiese, Schotter. = 4 (16 A) CHEM GRAU . WC im Museum. Entsorgung nur während der Anwesenheit des Hausmeisters von 10:00-14:00 Uhr. Ganzjährig geöffnet.
Preis: 4 €. Strom 1 €, Wasser 1 €/50 l, Entsorgung 1 €. Ermäßigter Museumseintritt 4,50 €.
Distanz: 2 km, 2 km, 2 km, 2 km.
Freizeit: 3 km, 3 km, 2 km. Besuch im Grenzmuseum täglich 10:00-17:00 Uhr, Gradierwerk mit Werratal-Therme 2 km.

POI: Salzmuseum 2 km, Altstadt Bad Sooden-Allendorf 3 km.
Anfahrt: Von Bad Sooden-Allendorf östlich auf der Landstraße → Sickenberg.
Kontakt: Arbeitskreis Grenzinformation e.V., Wolfgang Ruske, ☎ 036087/98409, info@grenzmuseum.de, www.grenzmuseum.de.

Weitere Stellplätze (siehe auch www.bordatlas.de):
Wohnmobilstellplatz Heilbad Heiligenstadt,
Konrad-Zehrt-Straße 2, 37308 Heilbad Heiligenstadt,
Tel.: 03606/677903, www.heilbad-heiligenstadt.de

■ OBERBAYERISCHE NATURVIELFALT

Ammergauer Alpen GmbH
Eugen-Papst-Straße 9a
82487 Oberammergau
Tel.: 08822/922740
www.naturpark-ammergauer-alpen.de,
www.ammergauer-alpen.de

Fläche in km²: 227
Gegründet: 2017
Geografische Lage: Am oberbayerischen Alpenrand
Das gibt's: Gebirge, Flüsse, Moor, Wiesen und Wald, Gemeinden Ober- und Unterammergau, Ettal, Saulgrub, Bad Kohlgrub und Bad Bayersoien
Erlebnis: Wandern, Radeln, Klettern

RANGER- UND EXPERTENFÜHRUNGEN

Stellplatz Bad Bayersoien

Am Bauhof 6
82435 Bad Bayersoien
Tel.: 08845/7030620
www.ammergauer-alpen.de

Am Ortsrand mit Blick in die Ammergauer Alpen

GPS: 47°41'14.33"N/10°59'58.04"E

Platz: P 🚐 = 8 auf Schotterrasen. 🐕 🚐 ⚓ CHEM GRAU ⚲. Beleuchtet. Ganzjährig geöffnet.
Preis: 14 € inkl. Entsorgung. Jede weitere Pers. 2 €, Kind (bis 16 J.) gratis, Wasser 1 €/100 l, Strom 0,50 €/kWh. Gästekarte mit zahlreichen Vorteilen (siehe www.ammergauer-alpen.de) gegen Vorlage des Zahlbelegs in der Kur-/Touristinfo.
Distanz: 🛒 0,2 km, 🚏 0,3 km, 🅿 0,3 km.
Freizeit: Angeln, direkter Zugang zur Langlaufloipe, Kneipptretbecken am Bärenbachweg, E-Bike-Ladestation am See, Naturbadesee mit Liege-

wiese und Ruderbootverleih 0,5 km.
POI: Museum im Bierlinghaus, Kloster Rottenbuch.
Kontakt: Tourist-Info Bad Bayersoien, ☎ 08845/7030620, bad-bayersoien@ammergauer-alpen.de, www.ammergauer-alpen.de

Weitere Stellplätze (siehe auch www.bordatlas.de):
Campingoase Reindl, Sonnen 93, 82433 Bad Kohlgrub-Sonnen, Tel.: 08845/74100, www.hotelwaldruh.de

RITTERBURGEN, RUMMELN UND RIESENSTEINE

Naturparkzentrum Hoher Fläming
Brennereiweg 45
14823 Rabenstein-Raben
Tel.: 033848/60004
www.hoher-flaeming-naturpark.de

Fläche in km²: 827
Gegründet: 1997
Geografische Lage: In Brandenburg, südwestlich von Berlin
Das gibt's: Altehrwürdige Burgen, sanfte Hügel, tiefe Wälder und kühle Bäche in bunten Wiesen
Erlebnis: Wandern, Radeln, Reiten, Baden, Naturerlebnispfade, schöne Aussichten

BURG RABENSTEIN

Reisemobilstellplatz an der Steintherme

Am Kurpark 15
14806 Bad Belzig
Tel.: 033841/38800
www.steintherme.de

Im Naturpark Hoher Fläming

GPS: 52°9'4.93"N/12°35'54.51"E

Platz:	P 🚐 = 12 auf Asphalt, Schotter. 🐕 ➡ ⛟ CHEM GRAU. Parkschein deutlich sichtbar hinter die Windschutzscheibe. Leinenpflicht für Hunde. Ganzjährig geöffnet.
Preis:	9 € inkl. Entsorgung, Kurtaxe. Jede weitere Pers. 1,50 €, Strom 1 €/6 h, Wasser 1 €/10 min.
Distanz:	🚆 0,1 km, Ⓗ 0,2 km, 🛒 1 km, 🛏 1,1 km.
POI:	St. Marien Kirche 1,4 km, Reißigerhaus 1,5 km, Burg Eisenhardt mit Heimatmuseum 2,2 km.
Anfahrt:	B246, am Ortsrand abbiegen auf Am Kurpark.

Kontakt: Steintherme Bad Belzig, ☎ 033841/38800, info@steintherme.de, www.steintherme.de

Weitere Stellplätze (siehe auch www.bordatlas.de):
Wohnmobilstellplatz am Schlosspark, Parkstraße, 14827 Wiesenburg/Mark, Tel.: 033849/30980, www.wiesenburgmark.de

Familienhotel Brandtsheide, Bahnhofsallee 8 c, 14827 Wiesenburg-Jeserig, Tel.: 033849/909861, www.brandtsheide.de

■ MIT KULTUR- UND INDUSTRIEDENKMÄLERN

Naturpark-Infozentrum
Bad Berleburg
Marktplatz 1a
57319 Bad Berleburg
Tel.: 02751/93633
www.naturpark-sauerland-rothaargebirge.de

TAUSEND FLEDERMAUSKÄSTEN FÜR DEN NATURPARK

Fläche in km²: 3.827
Gegründet: 2015
Geografische Lage: Im südlichen Nordrhein-Westfalen
Das gibt's: Stark bewaldete Bergrücken des Rothaarkammes mit offenen Wiesentälern und Auen, großflächigen und teils uralten Berg-Buchenwäldern und den höchsten Erhebungen Westdeutschlands
Erlebnis: Wandern, Radeln, Mountainbike, Touren mit Naturparkführern, Löwenzahn-Geocaching

Stellplatz Bismarckstraße

Bismarckstraße 8
57319 Bad Berleburg
Tel.: 02751/93633
www.blb-tourismus.de

In ruhiger, zentraler Lage, oberhalb des Bahnhofs, neben einem Spielplatz

GPS: 51°3'0.84"N/8°23'39.35"E

Platz: 🅿 🚐 = 3 auf Schotter. ♿ 🐕 ➡ ⚓ CHEM ⚓ 🎠 🚲. Ganzjährig geöffnet.
Preis: Übernachtung gratis inkl. Entsorgung. Strom 1 €/6 h, Wasser 1 €/40 l. Strom-, Wasser- und Abwassersäulen im Münzbetrieb.
Distanz: Ⓗ 0,2 km, 🛏 0,3 km, 🛒 0,3 km, 🍽 0,3 km.
Freizeit: ≈ 1 km, ⛵ 1 km. Wintersport (Rodeln, Ski, Schneewandern), Klettern, Premiumwanderweg Wittgensteiner Schieferpfad, Via Adrina, Rothaarbad 1 km, Kletterwandgebiet "Am Kaplerstein" 10 km, Wisentwildnis 15 km.

POI: Schloss Berleburg 1 km.
Anfahrt: Aus → Dortmund: A45 Sauerlandlinie, Ausfahrt Kreuz Olpe-Süd, Nr. 19 über die A4 bzw. B54 nach Kreuztal über Erndtebrück nach Bad Berleburg. Aus → Frankfurt: A45 Sauerlandlinie, Ausfahrt Dillenburg, Nr. 25 über die B253 nach Bad Laasphe, dann nach Bad Berleburg.
Kontakt: BLB-Tourismus GmbH, ☎ 02751/93633, info@blb-tourismus.de, www.blb-tourismus.de
Weitere Stellplätze: www.naturpark-sauerland-rothaargebirge.de

Unterwegs zu Hause
Camping-SAT-Antennen von Kathrein

CAP 500M

Zum direkten Anschluss an das TV-Gerät –
kein Steuergerät notwendig!

CAP 500M plus

CAP 500M CAP-Konverter V2 UFZ 132 CAPcontrol-App

Live-Streaming der TV- und Radio-Programme auf ein mobiles
Endgerät in Verbindung mit der kostenlosen CAPcontrol-App.

HDP x50 GPS

HDS 166 plus

„Halbautomatisch"

CAPcontrol-APP

Kostenlos im App Store
oder bei Google Play

KATHREIN Digital Systems GmbH
Anton-Kathrein-Straße 1–3
83022 Rosenheim
www.kathrein-ds.com | info@kathrein-ds.com

KATHREIN
Digital Systems GmbH

IM HERZEN MITTELDEUTSCHLANDS

Naturparkhaus Dübener Heide
Neuhofstraße 3a
04849 Bad Düben
Tel.: 034243/72993
**www.naturpark-
duebener-heide.de**

Fläche in km²: 750
Gegründet: 1992
Geografische Lage: Eingebettet in
die natürlichen Flusslandschaften
Elbe und Mulde
Das gibt's: Größter Mischwald
Ostdeutschlands, eingebettet in die
natürliche Flusslandschaft von Elbe
und Mulde, 350 Schmetterlings- und
169 Vogelarten
Erlebnis: Wandern, Radeln, Reiten,
Biber und Vögel beobachten

HOCHSEILGARTEN IM RUBICONPARK

Parkplatz Kurgebiet Bad Düben

Parkstraße 1
04849 Bad Düben
Tel.: 034243/52886
www.bad-dueben.de

*An der Obermühle im Museumsdorf Bad Düben,
nahe Gesundheits- und Wellnesszentrum Heide Spa*

GPS: 51°36'6.69"N/12°34'58.66"E

Platz: P 🚐/🚗 = 4 auf Asphalt, Rasengitter-
steine. ♿ 🐕 ⚓ WC CHEM GRAU. Leinenpflicht
für Hunde. WC Freitag-Sonntag 10-20 Uhr.
Aufenthalt max. 3 Tage. Ganzjährig geöffnet.
Preis: Übernachtung gratis. Wasser 1 €, Entsorgung
1 €, Kurtaxe (ab 13 J.) 2 €.
Distanz: Ⓗ 0,3 km, 🛒 0,5 km, 🍽 0,5 km, 🏞 1 km.
Gastro: "Der Grieche" im Kurpark.
Freizeit: ≈ 2 km, 🚴 4 km. Moorlehrpfad, Kurpark mit
Supa-Golf-Anlage, Wanderwege/Radwege,
Naturparkhaus, Naturpark Dübener Heide,

NaturSportBad/Freibad 2 km.
POI: Obermühle im Museumsdorf Bad Düben
0,3 km, Altstadt 1 km, Artesischer Brunnen
1 km, Schiffmühle im Burggarten 2 km.
Anfahrt: Über B2, den Schildern zum Parkplatz "Kur-
gebiet" folgen.
Kontakt: Stadt Bad Düben, ☎ 034243/52886,
touristinformation@bad-dueben.de,
www.bad-dueben.de
Weitere Stellplätze: www.naturpark-duebener-heide.
de/uebernachten

besseres Schlafklima
DANK
 **DownWool**
im Schlafsack

Glamping pur & sich fühlen
wie im Bett zuhause im

Biopod DownWool Nature Comfort
100% NATUR

- Klimaausgleichend
- Trockene, angenehme Wärme
- Leicht & klein im Packmaß
- Antibakteriell
- OEKO-TEX zertifiziert
- Weiche hautsympathische Baumwolle
- Nachwachsende Rohstoffe
- Optimal zum Campen
- Auch als Decke verwendbar
- In der Weite einstellbar
- Aus 100% natürlichen Materialien

Grüezi bag
Wool inside

mehr auf gz-bag.de

■ ELFTER NATURPARK IN HESSEN

Region Lahn-Dill-Bergland,
Geschäftsstelle und Tourismusbüro
Herborner Straße 1
35080 Bad Endbach
Tel.: 02776/80115
www.naturpark.lahn-dill-bergland.de,
www.lahn-dill-bergland.de

Fläche in km²: 874
Gegründet: 2007
Geografische Lage: Im westlichen Mittelhessen
Das gibt's: Bewaldetes Mittelgebirge mit naturnahen Bächen, tief eingeschnittenen Kerbtälern, Lebensraum für viele Pflanzen und Tiere
Erlebnis: Wandern, Radeln, Mountainbike, Naturparkführungen, Erlebniswege, Geocaching

BURG GREIFENSTEIN IM GEOPARK WESTERWALD-LAHN-TAUNUS

Stellplatz am Kur-, Sport- und Freizeitzentrum

Am Bewegungsbad 4
35080 Bad Endbach
Tel.: 02776/801870
www.bad-endbach.de

Am Ortsrand beim Kurpark, 100 Meter von der Lahn-Dill-Bergland-Therme entfernt

GPS: 50°45'20.00"N/8°28'58.00"E

Platz: 🅿️ 🚐/🚗 = 18 auf Rasengittersteinen. ♿ 🐕 🔌 🚰 🚾 CHEM 🧺 🐴 ≈ 🏠. Ausgleichskeile gegen Pfand, WC in der Lahn-Dill-Bergland-Therme (0,1 km) kostenfrei zu den Öffnungszeiten. Ganzjährig geöffnet.

Preis: 5 € inkl. Strom, Wasser, Entsorgung, WC. Kurtaxe HS 1,20 €/1. Person, 0,60 €/2. Person, NS 0,60 €/1. Person, 0,40 €/2. Person. Anmeldung/Bezahlung an der Thermenkasse.

Distanz: Ⓗ 0,1 km, 🛒 0,1 km, 🚉 0,2 km, 🏠 1 km.
Gastro: Café/Restaurant in der Therme.

Freizeit: 🚲 1 km. Pauschalangebote bei der Tourist-Info, Kneippkräutergarten/Kneippbarfuß-Erlebnispfad, Mountainbike-Flowtrail.
POI: Aussichtsturm, Kunst- und Kulturhaus Alte Schule 1 km, 100-jähriges Eisenbahnviadukt 1 km, Burgruine Dernbach 8 km.
Anfahrt: A45 Ausfahrt Herborn Süd, B277 → Gladenbach, B255 → Gladenbach. Von Bischoffen links abbiegen → Bad Endbach.
Kontakt: Tourist-Info Bad Endbach, ☎ 02776/801870, info@bad-endbach.de, www.bad-endbach.de

■ WO BARBAROSSA SCHLÄFT

Tourist-Information
Bad Frankenhausen
Schloßstraße 13
06567 Bad Frankenhausen
Tel.: 034671/71717
www.naturpark-kyffhaeuser.de,
www.kyffhaeuser.de

Fläche in km²: 305
Gegründet: 2008
Geografische Lage: Im Norden
Thüringens, südlich des Harzes
Das gibt's: Prägnanter, bewaldeter
Höhenzug, Kelbra-Talsperre, Feucht-
wiesen und Salzquellen, sehr arten-
reiche Flora und Fauna
Erlebnis: Wandern, Radeln, Schwim-
men, Vögel beobachten, Naturfüh-
rungen, Lehrpfade, Angeln

KYFFHÄUSER-DENKMAL, BARBAROSSA-SAGE

Stellplatz An der Kyffhäuser-Therme

August-Bebel-Platz 9
06567 Bad Frankenhausen/Kyffhäuser
Tel.: 034671/5123
www.kyffhaeuser-therme.de

*Ruhig und zentrumsnah, idealer Ausgangspunkt
für Wander- und Radtouren in der Region*

GPS: 51°21'20.60"N/11°6'10.15"E

Platz: 🏕/🚐 = 15 auf Rasengittersteinen.
♿ 🐕 🚐 ⚓ CHEM 🚲. Ⓡ wird empfohlen.
Ankunft täglich 9:00-22:00 Uhr, Anmeldung in
der Therme. Ganzjährig geöffnet.
Preis: 12 € inkl. Strom, Wasser, Entsorgung, Müll-
Entsorgung, WC. Dusche 3,50 €/30 min. Kurtaxe
2,50 €, Kind 1,50 €. 1 € Ermäßigung für die
Kyffhäuser-Therme.
Distanz: 🏖 0,1 km, 🚌 0,1 km, Ⓗ 0,3 km, 🛒 0,5 km.
Gastro: Caféteria Schluckse an der Therme.
Freizeit: 🏔 0,1 km. Unstrut-Werra-Radweg, Unstrut-

radweg, Wanderrouten, Solewasser-Vitalpark
0,3 km, Barbarossahöhle 5 km.
POI: Panorama Museum, Regionalmuseum 0,2 km,
Schiefer Turm 0,5 km, Kloster Göllingen 9 km,
Kyffhäuser-Denkmal 12 km.
Anfahrt: A71 bis Sömmerda, B85 bis Bad Frankenhau-
sen, Seehäuser Str. bis zur Kreuzung Kyffhäuser
Str./Esperstedter Str., den Schildern folgen.
Kontakt: Kur & Tourismus GmbH Bad Frankenhausen,
☎ 034671/5123, kur@bad-frankenhausen.de,
www.kyffhaeuser-therme.de

■ TERRA.VITA UND BAUMWIPFELPFAD BAD IBURG

Am Kurgarten 30
49186 Bad Iburg
Tel.: 05403/404816
**www.geopark-terravita.de, www.
baumwipfelpfad-badiburg.de**

Fläche in km²: 1.510
Gegründet/erweitert: 1962/2002
Geografische Lage: In Niedersachsen und Nordrhein-Westfalen
Das gibt's: Bewaldete Mittelgebirgszüge von Teutoburger Wald und Wiehengebirge, westlicher Rand des Wesergebirges und Osnabrücker Land, Dörenther Klippen, Eiszeitfindlinge, Weserdurchbruch Porta Westfalica
Erlebnis: Wandern, Radeln, Mountainbike, Klettern, Geocaching, Erdgeschichte erleben, Baumwipfelpfad Bad Iburg

KAISER-WILHELM-DENKMAL AN DER PORTA WESTFALICA

NATIONALER GEOPARK

Stellplatz am Charlottenburger Ring/Schlossberg

Charlottenburger Ring 27
49186 Bad Iburg
Tel.: 05403/40464
www.badiburg.de

Am Fuß des Iburger Schlosses, nahe Charlottensee

GPS: 52°9'26.48"N/8°2'23.31"E

Platz:	P 🚐/🚗🚐 = 8 auf Naturboden. 🐕 🏠. Ganzjährig geöffnet.
Preis:	Übernachtung gratis.
Distanz:	🏠, Ⓗ, ⛽, 🛒 0,6 km.
Gastro:	Restaurant Schlossmühle 0,2 km, Charlottensee-Grill 0,2 km.
Freizeit:	⌒ 2 km. Kneipp-Erlebnispark u. Baumwipfelpfad 0,3 km, Schlossführung 0,2 km, Wassertretstellen, Bootsverleih.
POI:	Schloss Iburg mit Museum, historischer Rittersaal und Münzkabinett 0,2 km, Uhrenmuseum

0,7 km, Heimatmuseum Averbecks 2 km.
Anfahrt: Über B51.
Kontakt: Tourist-Information Bad Iburg, ☎ 05403/40464, tourist-info@badiburg.de, www.badiburg.de
Weitere Stellplätze (siehe auch www.bordatlas.de):
Nettebad, Im Haseesch 6, 49090 Osnabrück, Tel.: 0541/20022401, www.osnabrueck.de/tourismus
Wohnmobilstellplatz am Schulten Holz, Zum Jägerberg 20, 49170 Hagen a.T.W., Tel.: 05401/97720, www.hagen-atw.de

URWALD MITTEN IN DEUTSCHLAND

Nationalparkzentrum
Thiemsburg 1
99947 Schönstedt
Tel.: 03603/825843
www.nationalpark-hainich.de

Fläche in km²: 75
Gegründet: 1997
Geografische Lage: Einziger Nationalpark Thüringens im Westen des Bundeslandes, Teil des Naturparks Eichsfeld-Hainich-Werratal
Das gibt's: Ausstellung zur Artenvielfalt im Urwald, Wurzelhöhle, Wildkatzendorf Hütscheroda
Erlebnis: Wandern, Radeln, Naturpfad Thiemsburg, Steinbergweg

BAUMKRONENPFAD

Stellplatz an der Friederiken Therme

Böhmenstraße (Anfahrt über Breitscheidstraße)
99947 Bad Langensalza
Tel.: 03603/397610
www.friederikentherme.de

Geneigte Stellplätze auf dem gekennzeichneten Areal eines Großparkplatzes, 300 Meter von der Therme entfernt

GPS: 51°6'59.53"N/10°38'41.40"E

Platz:	ⓟ 🚐 = 16 auf Rasengittersteine. ♿ 🐕 🔌 = 8 (10 A) ⚓ CHEM GRAU ≈ 🚲. Anmeldung/Bezahlung an der Rezeption der Friederiken Therme (9:00-22:00 Uhr). Ganzjährig geöffnet.
Preis:	4 € inkl. Entsorgung. Strom 1 €/10 h, Wasser 1 €/10 min, Kurtaxe 2 €/Pers.
Distanz:	Ⓗ 0,1 km, 🛒 0,2 km, 🚆 0,2 km, 🏖 0,8 km.
Gastro:	Bistro in der Therme (leichte Küche, Frühstücks- und Kuchenangebot), geöffnet 9:00-22:00 Uhr.
Freizeit:	Stadt-/Gartenführung, Erlebniswelt Rumpelburg, Bowling-/Kegelbahn 0,5 km.

POI:	Botanischer Garten 0,3 km, Apothekenmuseum/Apothekergarten 0,6 km, Japanischer Garten 0,7 km, Altstadt 0,8 km, Arboretum 1 km, Rosengarten 1 km, Baumkronenpfad im Nationalpark Hainich 12 km.
Anfahrt:	Über B84 oder B247 nach Langensalza, im Ort den Schildern "Friederiken Therme" folgen. Navi: Breitscheidstraße.
Kontakt:	KTL Kur und Tourismus Bad Langensalza GmbH, ☎ 03603/397610, info@friederikentherme.de, www.friederikentherme.de

■ BERGE, SEEN UND ALPENVORLAND

Berchtesgadener Land Tourismus
Wittelsbacher Straße 15
84345 Bad Reichenhall
Tel.: 08651/715110
www.brbgl.de,
www.berchtesgaden.de

Fläche in km²: 840
Gegründet: 1990
Geografische Lage: In Bayern, im Südosten von Oberbayern und grenzt an Österreich, nördliche Kalkalpen samt Vorland
Das gibt's: Hochgebirge mit dem Watzmannmassiv als höchste Gipfel, Almen, Weiden und Wiesen, Bäche, Flüsse und Königssee
Erlebnis: Wandern, Bergwandern, Bergsteigen, Klettern, Radeln, Mountainbike, Gleitschirmfliegen, Fahrgastschifffahrt, Wintersport

KLETTERSTEIGSCHULE

Wohnmobilpark Bad Reichenhall/ An der Rupertus Therme

Hammerschmiedweg
83435 Bad Reichenhall
Tel.: 08651/76220
www.wohnmobilpark-bad-reichenhall.de
Ruhig im Anschluss an den Uferweg der Saalach

GPS: 47°44'4.96"N/12°52'31.92"E

Platz: P 🚐 = 25 auf Asphalt, Kiesel. 🐕 ➡ ⚓ CHEM GRAU 📶 ♿. WC während den Thermen-Öffnungszeiten. 9 Stellplätze nur mit Reservierung ab 3 Tage. Ganzjährig geöffnet.

Preis: 19,60 € inkl. Strom, Entsorgung, Müll-Entsorgung, WLAN, Kurtaxe. Wasser 1 €/70 l. Jede weitere Person Kurtaxe 3,30 €/Tag. 3 Nächte 55,60 €, 5 Nächte 90,60 €, 7 Nächte 123,60 €. Reservierungsgebühr 3 €. Inkl. Gastkarte mit 2 € Rabatt auf den Thermen-Eintritt (4h- und Tageskarte), Gratis-Busfahrten in Bad Reichenhall.

Distanz: Tankstelle in 0,1 km, 🏠 0,5 km, 🛒 0,5 km, Ⓗ 0,5 km, 🍽 0,5 km.

Freizeit: 🏊 0,2 km, 🚴 0,2 km. Rupertus Therme mit E-Bike Verleihstation 0,2 km.

POI: Gradierwerk im Kurpark 0,8 km, Alte Saline 1,3 km, Predigtstuhlbahn/Schloss Marzoll 2 km.

Anfahrt: A8 Ausfahrt Bad Reichenhall, weiter über B20/21, Zufahrt über Hammerschmiedweg.

Kontakt: ☎ 08651/76220, info@rupertustherme.de, www.wohnmobilpark-bad-reichenhall.de

■ REICHE KULTURLANDSCHAFT MIT VIEL NATUR

Kur- und Tourist-Information
Brunnenallee 1
34537 Bad Wildungen
Tel.: 05621/9656741
**www.naturpark-
kellerwald-edersee.de,
www.bad-wildungen.de**

Fläche in km²: 406
Gegründet: 2001
Geografische Lage: In Nordhessen,
umschließt den gleichnamigen
Nationalpark
Das gibt's: Ausgedehnte, teils uralte
Buchenwälder, idyllische Dörfer
sowie Feld-, Wald- und Wiesenflure,
eingebettet in diese Landschaft liegt
der 27 Kilometer lange Edersee
Erlebnis: Wandern, Radeln, Schwimmen, Segeln, Naturführungen, Lehrpfade, Angeln

GREIFVOGELSCHAU

Wohnmobilplatz Bad Wildungen

Bahnhof Bad Wildungen/Berliner Straße
34537 Bad Wildungen
Tel.: 05621/9656741
www.badwildungen.de

*Separater Reisemobilplatz am östlichen Altstadtrand direkt
am Bahnhof*

GPS: 51°7'13.36"N/9°8'12.45"E

Platz: 🅿 🚐 = 28 auf Rasengittersteine. ♿ 🐕 🔌
= 14 🚿 CHEM GRAU ✉. Ganzjährig geöffnet.
Preis: 5 € inkl. aller Personen. Strom 1 €/2 kWh,
Wasser 1 €/40 l.
Distanz: Ⓗ 0,1 km, 🛒 0,1 km, 🏖 0,5 km, 🚉 0,8 km.
Gastro: Restaurants & Cafés im Ort.
Freizeit: 🏊 1 km, 🏞 1 km, 🚴 0,5 km. Stadt- und Erlebnisführungen, Heilquellen 1 km, Nationalpark
Kellerwald-Edersee 10 km.
POI: Gotische Stadtkirche mit berühmtem Flügelaltar 0,5 km, Altstadt/Kurpark 0,5 km, Schloss

Friedrichstein 1 km, Schneewittchendorf Bergfreiheit 12 km.
Anfahrt: Aus → Kassel (B253) an der Gabelung vor Bad
Wildungen halb rechts (B485) → Waldeck, danach gleich links auf der Berliner Straße (K37)
zur Innenstadt. Links halten → Bahnhof, am
Kreisverkehr 3. Ausfahrt zum Bahnhof.
Kontakt: Bad Wildungen, ☎ 05621/9656741, info@
badwildungen.net, www.badwildungen.de
Weitere Stellplätze:
www.edersee.com, www.waldecker-land.de

■ WILDNIS AM MEER

Nationalparkhaus Hiddensee
Norderende 2
18565 Insel Hiddensee
Tel.: 038300/68041
www.nationalpark-vorpommer-
sche-boddenlandschaft.de

Fläche in km²: 786
Gegründet: 1990
Geografische Lage: Im westlichen
Teil der Vorpommerschen Ostsee-
küste, umfasst innere und äußere
Küstengewässer
Das gibt's: Ausstellung zu Flora und
Fauna, Leuchtturm
Erlebnis: Wandern, Radeln, Schwim-
men, Angeln, Fahrt mit dem Schiff
vom Stellplatz zum Nationalpark

WINDSURFEN UND KITEN

Caravanplatz Barhöft

Am Hafen 13
18445 Barhöft
Tel.: 038323/531
www.sprenger-barhoeft-maritim.de
In ruhiger Lage am kleinen Hafen Barhöft

GPS: 54°25'55.00"N/13°1'40.00"E

Platz: P 🚐/🚗🚐 = 24 auf Naturboden. 🐕 ➡= 24 (10 A) WC CHEM GRAU. Anmeldung und Co-dekarte für den Zugang zum Sanitärcontainer beim Hafenmeister. Ganzjährig geöffnet.
Preis: 16 € inkl. Strom, Wasser, Entsorgung, Dusche, WC, Müll-Entsorgung. Kind (bis 10 J.) 1 €. Jede weitere Person 2 €.
Distanz: Ⓗ 0,1 km, 🛒 0,3 km, 🛁 0,3 km, 🚉 0,3 km.
Freizeit: 🚴 0,3 km. Angeln, Ausflugsfahrten mit dem Schiff zur 16 km langen Insel Hiddensee, Hafen 0,3 km, Bootsverleih 0,3 km, Strand 0,5 km.

POI: Alte oberirdische Bunkeranlagen der NVA 0,3 km, Aussichtsturm mit Blick über den Darß und den Hiddensee 0,5 km.
Kontakt: Hafenmeisterbüro Barhöft/Jan Sprenger, ☎ 038323/531, Mobil: 01515/8502706, hafen@sprenger-barhoeft-maritim.de, www.sprenger-barhoeft-maritim.de
Weitere Stellplätze (siehe auch www.bordatlas.de):
Reisemobilhafen und Campingplatz „Am Freesen-
bruch", Am Bahndamm 1, 18374 Zingst,
Tel.: 038232/15786, www.camping-zingst.de

■ DAS ZWEISTROMLAND

Naturparkzentrum am
Wildgehege Glauer Tal
Glauer Tal 1
14959 Trebbin-Blankensee
Tel.: 033731/700460
www.naturpark-nuthe-nieplitz.de

Fläche in km²: 623
Gegründet: 1999
Geografische Lage: 20 Kilometer
südlich von Berlin
Das gibt's: Feuchte Niederungen
der Flüsse Nuthe und Nieplitz, Wald,
Ackerland und kleine märkische
Dörfer
Erlebnis: Wandern, Radeln, Natur
beobachten, Schwimmen, Angeln

Stellplatz am Spargel-
und Erlebnishof Klaistow

Glindower Straße 28
14547 Beelitz-Klaistow
Tel.:033206/61070
www.spargelhof-klaistow.de

*Familienfreundlicher Spargel- und Erlebnishof
mit Restaurant, viel Natur, Wälder und Felder*

GPS: 52°17'49.96"N/12°51'29.03"E

Platz:	🚐 = 63, 🚗🚐 = 33 (< 12 m) auf Wiese. 🐕 ➡ ⚓ WC CHEM GRAU 📶 🔌 🛁 . ® wird empfohlen. Beleuchtet und bewacht. Geöffnet: 19.4.-30.12.
Preis:	Ab 16 € inkl. Strom, Wasser, Entsorgung, WC, WLAN. Je nach Stellplatzgröße 16-18 €.
Distanz:	🍴 0,3 km, Ⓗ 0,3 km.
Gastro:	Hofrestaurant, Hofladen mit Bäckerei, Obst-/Weinverkostung.
Freizeit:	Wildtiergehege, Streichelzoo, Jeep-Parcours, Spargelseminare, Betriebsführung zur Spargelzeit, Kletterwald 0,5 km, Naturpark-Zentrum am Wildgehege Glauer Tal 29,5 km.
POI:	Naturpark Nuthe-Nieplitz, Spargel- und Erlebnishof Klaistow.
Kontakt:	Buschmann & Winkelmann GmbH, Antje Winkelmann, ☎ 033206/61070, info@buschmann-winkelmann.de, www.spargelhof-klaistow.de

Weitere Stellplätze (siehe auch www.bordatlas.de):
Pension & Campingplatz Gartenidylle, Dorfstraße 4,
14547 Buchholz bei Beelitz, Tel.: 033204/33977,
www.landurlaub-siebach.de

■ EINZIGER DEUTSCHER NLP IN DEN ALPEN

Nationalparkzentrum Haus der Berge
Hanielstraße 7
83471 Berchtesgaden
Tel.: 08652/9790600
**www.nationalpark-
berchtesgaden.bayern.de**

Fläche in km²: 208
Gegründet: 1978
Geografische Lage: Im bayerischen
Landkreis Berchtesgadener Land
Das gibt's: Ausstellung „Vertikale
Wildnis", Imagefilm
Erlebnis: Wandern, Klettern, Radeln,
Schwimmen, Boot fahren auf dem
Königssee

ADLERPROGRAMM

Reisemobilstellplatz Allweglehen

Allweggasse 4
83471 Berchtesgaden
Tel.: 08652/2396
www.allweglehen.de

Unterhalb des Campingareals

GPS: 47°38'49.81"N/13°2'24.22"E

Platz:	P ⛟/🚗🚐 = 28 auf Sand/Splitt. 🐕 ➤ ⚓ WC CHEM GRAU 📶 ≈ 🚲. Hundebad. Anfahrt 24 h, Nutzung Service und Infrastruktur des Campingplatzes möglich. Ganzjährig geöffnet.
Preis:	Ab 17 € inkl. Strom, Wasser, Entsorgung, Dusche, WC, Müll-Entsorgung, WLAN. Kurtaxe 2,60 €/Pers. 27.3.-31.5./1.10.-7.11. 20 €, 7.1.-26.3./8.11.-17.12. 17 €, 1.6.-30.9./1.12.-6.1. 25 €.
Distanz:	🚏 , 🛒 0,2 km, Ⓗ 0,5 km, 🏔 2 km.
Freizeit:	Bergsteigen, Klettern, Canyoning, Rafting, Tandem-Paragliding, Langlauf, Schneeschuhwandern, Snowtubing, Golfplatz 1 km, Watzmann Therme 1 km, Alpenzoo mit Greifvögeln 1 km, Sommerrodelbahn 1,5 km, Königssee 6 km.
POI:	Eishöhle am Untersberg, Salzbergwerk mit Salz-Heilstollen 0,5 km, Salzburg 18 km.
Anfahrt:	A10 Ausfahrt 8 Grödig, weiter auf Str. 160, B305 über Marktschellenberg → Berchtesgaden, der Beschilderung folgen.
Kontakt:	Camping Allweglehen, Thomas Fendt, ☎ 08652/2396, urlaub@allweglehen.de, www.allweglehen.de

■ AN DER SAALE HELLEM STRANDE

Naturpark-Informationszentrum
Bahnhofstraße 1a
06406 Bernburg/Saale
Tel.: 03471/6404835
**www.naturpark.
unteres-saaletal.de**

Fläche in km²: 408
Gegründet: 2005
Geografische Lage: In Sachsen-
Anhalt, links und rechts der Saale
zwischen Halle und Bernburg
Das gibt's: Saalegebiet von Halle bis
Bernburg mit Seitentälern, Auenland-
schaft, Felshänge, bewaldete Regio-
nen und landwirtschaftlich genutzte
Flächen
Erlebnis: Wandern, Radeln,
Themenwege, Lehrpfade, Angeln

STEINERNE JUNGFRAU:
MONOLITH BEI DÖLAU

Stellplatz Bernburg

Fischergasse
06406 Bernburg/Saale
Tel.: 03471/6590
www.bernburg.de

*Auf einem Parkplatz an der Saale,
unterhalb des Bernburger Schlosses*

GPS: 51°47'34.61"N/11°44'0.27"E

Platz: 🅿 🚐 = 2 auf Pflaster. 🐕. Anfahrt 24 h. Ganz-
jährig geöffnet. Nächste VE am Camping Bern-
burg, Dr.-John-Rittmeister-Straße 12-13.
Preis: Übernachtung gratis.
Distanz: 0,3 km, 0,3 km, 🛒 0,5 km.
Freizeit: ≈ 2 km. Stadtbesichtigung, Boot- und Schiff-
fahrt auf der Saale, Saaleradweg/Saaleprome-
nade ab Platz.
POI: Schloss Bernburg und Tierpark.
Anfahrt: Im Zentrum über Bärstraße, Fischergasse oder
Brunnenstraße erreichbar.

Kontakt: Stadt Bernburg/Saale, ☎ 03471/6590,
stadt@bernburg.de, www.bernburg.de

Weitere Stellplätze (siehe auch www.bordatlas.de):
Hafen & Campingplatz Brachwitz, Thomas-Müntzer-
Straße 8a, 06193 Brachwitz (Wettin-Löbejün), Tel.:
034606/29160, www.wwz-halle.de

Wohnmobilstellplatz Fährstraße, Fährstraße 1, 06114
Halle/Saale, Tel.: 0345/1229984, www.halle-tourismus.de

■ GELEBTE VIELFALT

Haus der Natur
Wolterstraße 16
88631 Beuron
Tel.: 07466/92800
www.naturpark-obere-donau.de

Fläche in km²: 1.496
Gegründet/erweitert:
1980/2005/2017
Geografische Lage: Im Süden
Baden-Württembergs, auf der Schwä-
bischen Alb zwischen Tuttlingen und
Sigmaringen
Das gibt's: Tal der Donau mit steilen
Uferwänden, Wiesen und Weiden,
Wald
Erlebnis: Wandern, Radeln, Reiten,
Kanu fahren, Klettern

LUCHS-INFOPOINT

Stellplatz Klosterparkplatz Beuron

Abteistraße 24
88631 Beuron
Tel.: 07579/92100
www.beuron.de

*Auf einem zentrumsnahen Parkplatz,
neben dem Kloster Beuron*

GPS: 48°3'10.94"N/8°58'1.64"E

Platz:	P 🅿️🚐 = 21 auf Rasengittersteine. 🐕 🚐 🚜 CHEM GRAU 🚲. Beleuchtet. Ganzjährig geöffnet.
Preis:	10 € inkl. Entsorgung. Strom 1 €/4 h, Wasser 1 €/100 l. Bezahlung am Parkscheinautomat.
Gastro:	Gasthaus Drahtesel, Hotel Pelikan, Cafe Härtel, Gasthaus Bahnhof Hausen im Tal.
Freizeit:	Minigolfplatz Hausen im Tal.
POI:	Benediktiner-Erzabtei Sankt Martin, Schloss Werenwag, Burgruine Falkenstein, Maurus-Kapelle, historische Holzbrücke.
Kontakt:	☎ 07579/92100, info@beuron.de, beuron.de

Weitere Stellplätze (siehe www.bordatlas.de):
Der Talhof, Talhof 2, 88631 Beuron, Tel.: 07579/933143,
www.talhof-donautal.de

und weitere Stellplätze siehe auch:
www.donaubergland.de/gastgeber/uebernachten

■ SCHÜTZEN UND NÜTZEN

Naturparkzentrum Alpseehaus
Seestraße 10
87509 Immenstadt
Tel.: 08323/9988750
www.nagelfluhkette.info

Fläche in km²: 405
Gegründet: 2008
Geografische Lage: Zwischen Allgäu
und Bregenzerwald
Das gibt's: Bergwälder grenzen an
Alpflächen, Moore an Feuchtwiesen,
Schluchtwälder an Bäche
Erlebnis: Wandern, Gipfel besteigen,
Radeln, Mountainbike

DIGITALE NATURPARKSCHULE

Alpen-Rundblick Mobil Camping

Am Eichbichl 1
87544 Blaichach
Tel.: 08321/88026
www.alpen-rundblick.de

In ortsnaher Lage, inmitten der Natur mit Wiesen und Bergen

GPS: 47°32'46.44"N/10°15'35.45"E

Platz:	🅿 🚐 = 55 auf Schotterrasen. ♿ 🐕 🛵 🚜 CHEM GRAU 📶 ✂ 🛁. Rezeption von 9:00-12:00 Uhr, 15:00-18:00 Uhr (bei Bedarf länger). WLAN-Hotspot bei Tourist-Info. Ganzjährig geöffnet.
Preis:	Ab 15,50 € inkl. Entsorgung, Müll-Entsorgung. Strom 0,70 €/kWh, Wasser 1 €/80-100 l, Kurtaxe 2,20 €/Pers. Bonuskarte ohne Zeitlimit: Bei 10 bestätigten Übernachtungen ist die 11. gratis.
Distanz:	Ⓗ 0,1 km, 🛒 0,2 km, 🚉 0,3 km, 🛒 0,5 km.
Gastro:	Getränkeausschank am Platz.
Freizeit:	≈ 2 km, 🏛 2 km. Angeln, Wildwasserfahrten

auf der Iller, geführte Erlebnistouren, Vital-Park mit Naturfreibad 2,5 km, Sommer-/Winterrodelbahn 3 km, Viehscheid (Mitte September) 3,5 km.

POI:	Naturpark Nagelfluhkette.
Anfahrt:	B19 → Immenstadt, nach Ort Stein auf B19 → Sonthofen, nächste Ausfahrt → Blaichach, nach dem Kreisverkehr 2. Straße links über Bahnübergang. Platz in 100 Metern.
Kontakt:	Alpen-Rundblick Mobil Camping, ☎ 08321/ 88026, info@alpen-rundblick.de, www.alpen-rundblick.de

■ LAND DER ADLER, FISCHOTTER UND SEEN

Naturpark Feldberger Seenlandschaft
Strelitzer Straße 42
17258 Feldberger Seenlandschaft-
Feldberg
Tel.: 039831/52780
**www.naturpark-feldberger-seen-
landschaft.de**

Fläche in km²: 347
Gegründet: 1997
Geografische Lage: In Mecklenburg-
Vorpommern, zwischen Fürstenberg,
Woldegk, Neustrelitz
Das gibt's: Wald, Klarwasserseen,
Kesselmoore, ältester Buchenwald
Deutschlands, See-, Fisch- und Schrei-
adler, Fischotter, Biber
Erlebnis: Wandern, Radeln, Schwim-
men, Angeln, Tiere beobachten

Fischerei Reimer

Fischerweg 16
17237 Blankensee bei Neustrelitz-Rödlin
Tel.: 039826/12223

*Am Ufer des Rödliner Sees neben dem Fischereibetrieb,
im Naturpark Feldberger Seenlandschaft*

GPS: 53°23'38.00"N/13°13'54.00"E

Platz: ▣/▣ = 4 auf Wiese. ⚲ ➤ = 3 ⚓ ⚒
⚓ ⚲ . 🅱 Ankunft bis 20:00 Uhr. Keine Entsor-
gung (Grauwasser, Fäkalien oder Müll) möglich,
Boote sind auf dem See nicht erlaubt.
Geöffnet: 1.4.-30.10.
Preis: 5 €. Strom 1,50 €. Wasser nach Verbrauch.
Tageskarte fürs Angeln 6 €.
Distanz: Ⓗ 1 km, ⛺ 1 km, ▤ 1 km, weitere Restau-
rants in 4 km, 🛒 3 km.
Gastro: Imbiss auf dem Fischerhof, Frühstück nach
Absprache.

Freizeit: Angeln mit Fischereischein, Müritz Nationalpark 25 km.
POI: Pfingstsonntag Fischerfest, Klosterkirche Wanz-
ka 1,5 km, Feldsteinkirche Rollenhagen 2,5 km.
Anfahrt: B198 Neustrelitz → Woldegk, nach 5 km in Zi-
now links nach Rödlin abbiegen.
Kontakt: Familie Reimer-Meißner, ☎ 039826/12223

Weitere Stellplätze (siehe auch www.bordatlas.de):
Reisemobilplatz am Stadthafen, Am Stadthafen 11,
17235 Neustrelitz, Tel.: 03981/262996, www.neustrelitz.de

■ EINMALIGE AUENLANDSCHAFT

Biosphaerium Elbtalaue
Schlossstraße 10
21354 Bleckede
Tel.: 05852/951414
www.elbtalaue.niedersachsen.de,
www.biosphaerium.de

Fläche in km²: 568
Gegründet: 2002
Geografische Lage: In Niedersachsen, südöstlich von Hamburg,
zwischen Schnackenburg und Lauenburg, Teil des Biosphärenreservates
Flusslandschaft Elbe
Das gibt's: 100 Kilometer langes
Teilstück der Flusslandschaft Elbe mit
naturnahen Ufern, Auen und Niederungen, Talsanden und Dünenfeldern
Erlebnis: Wandern, Radeln, Natur
beobachten, Reiten, Angeln, Wassersport, Baden

SCHIFFSAUSFLÜGE MÖGLICH

Wohnmobilstellplatz Bleckede

Schützenweg 1
21354 Bleckede
www.bleckede-tourismus.de

Am Schlosspark, zwischen Zentrum und Hafen

GPS: 53°17'42.64"N/10°43'58.79"E

Platz:	P 🚐 = 20 auf Schotterrasen. 🐕 🐴. Aufenthalt max. 1 Tag. Ganzjährig geöffnet.
Preis:	Übernachtung gratis.
Distanz:	🍴 0,1 km, weitere Restaurants in 0,5 km, Ⓗ 0,2 km, 🛏 0,3 km, 🛒 0,5 km.
Freizeit:	≋ 7 km. Rad- und Wanderwege in die Elb-talaue 0,5 km, Draisine-Fahrten 7 km.
POI:	Altstadt Bleckede 0,3 km, Biosphaerium Elb-talaue 0,3 km, Aussichtspunkt Viehler Höhe 7 km, Findlingsring Breetze 8 km, Rundwander-weg Jungsteinzeitgräber Schieringer Forst 9 km.

Kontakt: www.bleckede-tourismus.de

Weitere Stellplätze (siehe auch www.bordatlas.de):
Elbfähre, Am Hafen, 29490 Neu Darchau, Tel.: 05853/331, www.neudarchau.de

Wohnmobilstellplatz Schnackenburg, Elbstraße, 29493 Schnackenburg, Tel.: 05846/333, www.gartow.de

■ VIELFALT AUF KLEINSTEM RAUM

Infostelle Biosphärenreservat
Bliesgau/Haus des Bügers
Luitpoldplatz 5
66440 Blieskastel
Tel.: 06842/9261314
www.biosphaere-bliesgau.eu

Fläche in km²: 361
Gegründet: 2009
Geografische Lage: Im Saarland, in
der südöstlichsten Ecke des Saarlandes, an der Grenze zu Frankreich und
Rheinland-Pfalz
Das gibt's: Sanfthügelige Landschaft
mit ausgedehnten Streuobstwiesen,
Buchenwälder, Trockenrasen und
Auenlandschaft bilden einen vielseitigen Lebensraum für viele vom Aussterben bedrohte Pflanzen und Tiere
Erlebnis: Wandern, Radeln, Mountainbike

BIOSPHÄRENBUS
LINIE 501

Stellplatz Niederwürzbacher Weiher

Marxstraße
66440 Blieskastel-Niederwürzbach
Tel.:0175/2432544
www.blieskastel.de

*Separater Stellplatz am See und an der Freizeitanlage
Würzbacher Weiher*

GPS: 49°14'49.26"N/7°11'28.92"E

Platz:	P 🚐 = 10 auf Wiese, Schotter. 🚐=4 (16 A) 🚰 WC CHEM GRAU ♨ 🐕✂. WC/Dusche nur tagsüber. Nach anhaltenden Regenfällen Schließung des Platzes möglich. Öffnungszeiten: über die Wintermonate geschlossen.
Preis:	4,50 € inkl. aller Personen, Entsorgung, WC. Strom 1 €/4 h, Wasser 1 €/10 min. Dusche gegen Gebühr.
Distanz:	🍴 0,1 km, weitere Restaurants in 0,5 km, Ⓗ 0,5 km, 🛏 0,5 km, 🛒 1 km.
Gastro:	Biergarten vor Ort, weitere Restaurants befinden sich rund um den See und im Ort.
Freizeit:	🏊 6 km. Klettern 7 km, Kanu fahren auf der Blies 8 km.
POI:	Weiheranlage, Schlosskirche/Orangerie Blieskastel 7 km, Barockstadt Blieskastel mit Kloster 8 km, römische Ausgrabungen/Museum 10 km.
Anfahrt:	Von Blieskastel → Sankt Ingbert, in Niederwürzbach rechts zum See abbiegen.
Kontakt:	Biergarten Niederwürzbach, Jan Pfeiffer, Mobil: 0175/2432544, park@philippslust.de, www.blieskastel.de

■ LAND DER TAUSEND GRÄBEN

Informationshaus Drömling
Kämkerhorst 1
39359 Calvörde-Mannhausen
Tel.: 039002/85011
**www.biosphaerenreservat-
droemling.de**

Fläche in km²: 340
Gegründet: 2019, davor Naturpark
Geografische Lage: Im Nordwesten
Sachsen-Anhalts, am Südwestrand
der Altmark
Das gibt's: Entwässertes Sumpfge-
biet in einer Niederung mit den Flüs-
sen Aller und Ohre, Lebensraum für
seltene Tiere und Pflanzen
Erlebnis: Wandern, Radeln, themati-
sche Touren, Grünes Band erkunden,
Reiten

SUMPFBURG IN OEBISFELDE

Stellplatz am Mittellandkanal

L 24
39359 Calvörde
Tel.: 0170/1646193
www.sportboothafen-calvoerde.de

Am Sportboothafen

GPS: 52°23'2.00"N/11°18'5.00"E

Platz:	🚐/🚗🚐 = 12 auf Schotterrasen, Schotter. 🐕➡🚿 WC CHEM GRAU ⚓ 🚲. Gasflaschen-Tausch an der Tankstelle in 0,5 km. 🅱 wird emp-fohlen. Geöffnet: 1.4.-31.10.
Preis:	14 € inkl. Wasser, Entsorgung, Dusche, WC, Müll-Entsorgung. Jede weitere Pers. 2 €, Strom 2 €/Tag.
Distanz:	🍴 0,4 km, weitere Restaurants in 0,5 km, 🛒 0,5 km, Ⓗ 1,5 km, 🛒 1,5 km, 🏔 1,5 km.
Freizeit:	🏠 15 km. Tretbootverleih.
POI:	St.-Georgs-Kirche 2,5 km, Naturpark Drömling

4 km, Luftkurort Flechtingen 4 km, Schloss
Dorst 10 km.
Anfahrt: Sportboothafen an der L24 in 0,5 km vor dem
Ortseingang Flecken Calvörde aus → Haldens-
leben gegenüber der Straße Am Grieps.
Kontakt: Andreas Zelmer, ☎ 0170/1646193,
a.zelmer@zelmer-iva.de,
www.sportboothafen-calvoerde.de

Weitere Stellplätze:
www.biosphaerenreservat-droemling.de

■ JÜNGSTER NATURPARK SACHSEN-ANHALTS

Naturparkinfozentrum Fläming
Schlossstraße 13
06869 Coswig/Anhalt
Tel.: 034903/595600
www.naturpark-flaeming.de

Fläche in km²: 824
Gegründet: 2005
Geografische Lage: Zwischen der
Elbaue und dem Brandenburger
Naturpark Hoher Fläming
Das gibt's: Mehr als 100 Kilometer
langer Höhenzug, Wald, Felder und
Wiesen, Bäche, viel Wild: Damhirsch,
Rotwild, Marderhund und Europäi-
scher Mufflon
Erlebnis: Wandern, Radeln, mittel-
alterliche Burganlage Lindau entde-
cken, Rundweg „Zwischen Elbe und
Fläming" bei Möllensdorf

DORFKIRCHEN-
MUSEUM GARITZ

Marina Coswig

Elbstraße 19
06869 Coswig/Anhalt
Tel.: 034903/496224
www.marina-coswig.de
Auf einer fünf Hektar großen Anlage an der Elbe

GPS: 51°52'52.10"N/12°26'12.77"E

Platz: 🅿️ 🚐 = 80, 🚗🚐 = 68 (< 15 m) auf Schot-
terrasen, Wiese. ♿ 🐕 🐾 = 50 (10 A) ⚡ 🆆🅲
🅲🅷🅴🅼 🅶🆁🅰🆄 📶 🚿 🛁 🚲. Shop am Platz,
Sauna. 🅡 Abreise am Folgetag bis 12:00 Uhr.
Ganzjährig geöffnet.
Preis: 20 € inkl. Wasser, Entsorgung, WC, Müll-Entsor-
gung, WLAN. Jede weitere Pers. 3,50 €, Strom
0,60 €/kWh, Dusche 1 €/4 min, Hund 1,50 €,
Sauna 5 €.
Distanz: 🛒 , 🍴 , 🅗 0,3 km, 🛏️ 1 km.
Gastro: Montag-Freitag 17:00-22:00 Uhr, Sa/So 9:00-

22:00 Uhr, Frühstücks-/Brötchenservice.
Freizeit: 🏊 4 km. Elberadweg, Wassersportschule,
Kanuverleih, Rollerverleih, Flämingbad 3 km.
POI: Hundertwasserschule, Ferropolis, Schloss Cos-
wig 1,5 km, Nikolaikirche 1,5 km, Naturpark-
infozentrum Naturpark Fläming 1,6 km, Wörlit-
zer Park 5 km, Lutherstadt Wittenberg 15 km.
Anfahrt: A9 Ausfahrt Coswig → Wittenberg, bei der
Shell-Tankstelle nach 0,25 km rechts abbiegen.
Kontakt: ☎ 034903/496224, info@marina-coswig.de,
www.marina-coswig.de

KLEINSTER DER DREI WATTENMEER-NLP

Nationalparkhaus Neuwerk
Insel Neuwerk 6
27499 Hamburg-Insel Neuwerk
Tel.: 04721/395349
**www.nationalpark-
wattenmeer.de/hh/**

Fläche in km²: 137,5
Gegründet: 1990
Geografische Lage: Wattenmeer
der westlichen Elbmündung samt
den Inseln Neuwerk, Scharhörn und
Nigerhörn
Das gibt's: Ausstellung zur Insel-
geschichte und zur Entstehung des
Wattenmeeres
Erlebnis: Wattwandern, Kutschfahrt

VOGELINSEL SCHARHÖRN

Fährhafen Cuxhaven

Am Fährhafen
27472 Cuxhaven
Tel.: 04721/5000
www.tourismus.cuxhaven.de

Im Hafengebiet an der Elbe

GPS: 53°52'34,00"N/8°42'13.00"E

Platz: 🅿 🚐/🚗🚐 = 135 auf Pflaster. 🐕 🚽 = 100 (16 A) 🔌 CHEM GRAU. Leinenpflicht für Hunde. WC im benachbarten Yachthafen (1.4.-31.10. kostenpflichtig). Ganzjährig geöffnet.
Preis: Ab 12 € inkl. Entsorgung, Müll-Entsorgung, Kurtaxe. Strom 1 €/2 kWh, Wasser 1 €/80 l. 1.11.-28.2. 12 €, 1.3.-31.10. 17 €.
Distanz: 🚏 0,1 km, Ⓗ 0,2 km, 🛒 1 km, 🏖 1 km.
Gastro: Brötchenservice, Restaurants "Seglermesse", "Sturmflut" und "Seeterrassen".
Freizeit: 🏊 4 km, 🏖 2 km, 🚲 1 km. Hafenrundfahrten,

POI: Wassersport, Wattlaufen, Sandstrand 2 km. Leuchtturm Alte Liebe und Hafenschleuse 1 km, Fischereihafen mit Museum 1 km, Schloss Ritze-büttel 3 km, Wrackmuseum 4 km.
Anfahrt: A27/B73 Kreisverkehr Cuxhaven → Fährhafen, der Beschilderung folgen (4 km).
Kontakt: Niedersachsen Ports Cuxhaven, ☎ 04721/5000, cuxhaven@nports.de, www.tourismus.cuxhaven.de
Weitere Stellplätze:
www.tourismus.cuxhaven.de

■ KLEINSTES BIOSPHÄRENRESERVAT

Nationalpark-Haus Neuwerk
Insel Neuwerk 6
27499 Hamburg-Insel Neuwerk
Tel.: 04721/395349
**www.nationalpark-wattenmeer.
de/hh/biosphaerenreservat**

Fläche in km²: 117
Gegründet: 1992
Geografische Lage: Wattenmeer
an der Elbmündung samt den Inseln
Neuwerk, Scharhörn und Nieghörn
Das gibt's: Insel Neuwerk, die zu
Hamburg gehört, Wattenmeer, Priele,
Sandbänke, Dünen, Salzwiesen und
landwirtschaftliche Binnengroden-
flächen
Erlebnis: Wattwandern, Radeln,
Kutschfahrten, Schwimmen

LEUCHTTURM AUF NEUWERK

Messeplatz Kugelbake-Halle

Strandstraße 80
27476 Cuxhaven-Döse
Tel.: 04721/404444
www.cuxhaven.de
Auf dem Großparkplatz der Messe

GPS: 53°53'27.92"N/8°40'40.17"E

Platz: 🚐/🚙🚐 = 65 auf Pflaster. ♿ 🐕 🔌 = 36
(10 A) ⚓ WC CHEM GRAU. Ganzjährig geöffnet.
Preis: 9 € inkl. Entsorgung, WC, Müll-Entsorgung.
Strom 1 €/kWh, Wasser 1 €/60 l, Dusche
1 €/5 min, Kurtaxe 2,80 €/Pers.
Distanz: Ⓗ 0,1 km, 🚏 0,1 km, 🛒 0,5 km, 🏠 0,5 km.
Freizeit: 🏊 0,8 km, 🏖 2 km, 🚵 0,5 km. Kurkonzerte
im Sommer, Wassersport, Wattwandern zur
Insel Neuwerk, Unterhaltungsprogramm in der
Kugelbake-Halle, Kurpark mit Zoo 0,1 km, Elbe-
Grünstrand 0,1 km, Strand 0,1 km.

POI: Kugelbake 0,2 km, mehrere Häfen ab 3 km, Museen 3 km, Schloss Ritzebüttel 4 km, Auswande-
rungsanlagen Steubenhöft/Hapag-Hallen 5 km.
Anfahrt: A27 Ausfahrt Cuxhaven, Ausschilderung Döse
Kugelbake-Halle folgen.
Kontakt: Nordseeheilbad Cuxhaven GmbH,
☎ 04721/404444, ticketverkauf@tourismus.
cuxhaven.de, www.tourismus.cuxhaven.de

Weitere Stellplätze: www.tourismus.cuxhaven.de

■ ZWEITGRÖSSTER DEUTSCHER NATIONALPARK

Wattenmeer Besucherzentrum
Nordheimstraße 200
27476 Cuxhaven-Sahlenburg
Tel.: 04721/70070400
**www.nationalpark-
wattenmeer.de/nds/**

Fläche in km²: 3.450
Gegründet/erweitert: 1986/2001,
2010
Geografische Lage: Wattenmeer
vor der niedersächsischen Küste samt
den Ostfriesischen Inseln
Das gibt's: Ausstellungen zum
Lebensraum Watt und seiner Arten-
vielfalt, Bibliothek und Labor
Erlebnis: Wattwandern, Radeln,
Baden

SEEHUNDBÄNKE

Strandparkplatz Duhnen

Duhner Allee 2
27476 Cuxhaven-Duhnen
Tel.: 04721/48241
www.strandparkplatz-duhnen.de

Zentrumsnaher Stellplatz am Strand

GPS: 53°53'3.00"N/8°38'50.00"E

Platz: P 🚐 = 60 auf Pflaster, Schotter. ♿ 🐕 🚐 =
120 (6/10 A) 🚿 WC CHEM. Stromanschluss von
9:00-11:00 Uhr und 17:00-18:00 Uhr, Tickets am
Kassenautomaten. Ganzjährig geöffnet.
Preis: 13 € inkl. Wasser, Entsorgung, Müll-Entsorgung.
Strom 3 €, Dusche 1 €/Pers., WC 0,50 €, Kurtaxe
2,90 €.
Distanz: 🏪 , 🛒 0,1 km, 🚉 0,1 km, ⓗ 0,2 km.
Freizeit: 🏖 1 km, 🏠 0,6 km. Wattwandern.
POI: Kuranlagen 0,8 km, Hafen, Fischmarkt und
Schiffsmuseum 5 km, Wattenmeer-Besucher-

zentrum in Cuxhaven-Sahlenburg
(Fußweg 4,6 km) 6,6 km.
Kontakt: Dierk Henseleit, ☎ 04721/48241,
www.strandparkplatz-duhnen.de
Weitere Stellplätze (siehe auch www.bordatlas.de):
Familie Henken's Reisemobilhafen, Lagunenweg 1,
26969 Butjadingen-Fedderwardersiel, Tel.: 04733/1552,
www.reisemobil-hafen.de

Natureum Niederelbe, Neuenhof, 21730 Balje-Hörne,
Tel.: 04770/831129, www.tourismus-kehdingen.de

32756 **Detmold** / NP Teutoburger Wald/Eggegebirge

■ GRÜNE LUNGE NORDRHEIN-WESTFALENS

Naturpark Teutoburger Wald/Eggege-
birge, Kompetenzzentrum Wandern
Grotenburg 52
32760 Detmold
Tel.: 05231/627961
**www.naturpark-
teutoburgerwald.de**

NATURPARKBUS

Fläche in km²: 2.700
Gegründet: 1965
Geografische Lage: Im Nordosten
Nordrhein-Westfalens, zwischen
Bielefeld und Sauerland, Paderborn
und Weser
Das gibt's: Bewaldetes Mittelgebirge
mit markanten Felsformationen wie
den Externsteinen und dem Vulkan
Desenberg
Erlebnis: Wandern, Radeln, Moun-
tainbike, Themenwege, Klimaerleb-
niswandern

**Wohnmobilstellplatz Detmold
Werrebogen**

Hornsche Straße 50
32756 Detmold
Tel.: 05231/977177
www.detmold.de

Zentrumsnah im Grünen

GPS: 51°55'48.21"N/8°53'12.77"E

Platz: 🅿 🚐 = 10 auf Pflaster. 🐕 ➡=10 ⚓ CHEM
GRAU. Aufenthalt max. 72 h. Leinenpflicht für
Hunde, Campingverhalten nicht erlaubt. Zu-
fahrt über Schranken. Parkschein gut sichtbar
hinter der Windschutzscheibe ablegen. RFID-
Karte gegen 4 € Pfand. Ganzjährig geöffnet.
Preis: 10 € inkl. aller Personen, Entsorgung. Strom
0,50 €/kWh, Wasser 0,50 €/50 l.
Distanz: Ⓗ 0,3 km, 🚆 0,5 km, 🛒 0,8 km, 🛒 1 km.
Freizeit: 🏞 1 km. Fußballgolf, Minigolf, Aqualip, Teuto
Kletterpark am Hermannsdenkmal 7,3 km.

POI: Historischer Stadtkern, Residenzschloss, Extern-
steine HBM, Adlerwarte Berlebeck, Lippisches
Landesmuseum Dt, Naturpark Teutoburger
Wald/Eggegebirge, Vogelpark Heiligenkirchen
6,3 km, Hermannsdenkmal in Detmold 7,3 km.
Kontakt: Stadtverkehr Detmold GmbH,
☎ 05231/977177, www.detmold.de

Weitere Stellplätze (siehe auch www.bordatlas.de):
Driburg-Therme, Georg-Nave-Straße 24, 33014 Bad
Driburg, Tel.: 05253/70116, www.driburg-therme.de

■ HÖCHSTE BERGE DES SAUERLANDS

Naturpark Diemelsee
Waldecker Straße 12
34508 Willingen
Tel.: 05632/401124
www.naturpark-diemelsee.de

Fläche in km²: 335
Gegründet: 1965
Geografische Lage: Im Sauerland,
2/3 im Nordwesten Hessens, 1/3 im
angrenzenden Nordrhein-Westfalen
Das gibt's: Die höchsten Berge des
Sauerlands, Mischwälder, Felder und
Weiden, Hochheide, Diemelsee
Erlebnis: Wandern, Radeln, Schwim-
men, Angeln, Lehrpfade, Kanu fahren

BIONIKPFAD GIERSHAGEN

Kommunaler Terrassenparkplatz Hohes Rad

Am Zeltplatz 1
34519 Diemelsee-Heringhausen
Tel.: 05633/91133
www.diemelsee.de
Stellplatz am Ufer des Diemelsees

GPS: 51°21'52.31"N/8°43'9.80"E

Platz: 🚐 = 30 auf Schotter. 🐕 🚭 🐎. Leicht schräge Stellplätze am Waldrand. Nächste VE-Station
am Ortsausgang von Heringhausen in 2 km.
Ganzjährig geöffnet.

Preis: 5 €. Jede weitere Pers. 1,50 €.

Distanz: Ⓗ 0,5 km, 🍴 1,3 km, weitere Restaurants in
1,5 km, 🛒 1,6 km, 🛒 7 km.

Freizeit: 🏠 1,4 km. Angeln, Schwimmen, Boot fahren,
Segeln, Surfen, Minigolf, Schiffsrundfahrten
1 km, Golfpark 1,8 km.

POI: Visionarium Diemelsee 1,4 km, Aussichtsturm

Dommel 8,5 km, Besucherbergwerk Grube
9 km, Kloster Flechtdorf 13 km.

Anfahrt: Von Diemelsee nach Heringhausen, dort den
Schildern Campingpark "Hohes Rad" folgen.

Kontakt: Tourist-Info Diemelsee, ☎ 05633/91133,
info@diemelsee.de, www.diemelsee.de

Weitere Stellplätze (siehe auch www.bordatlas.de):
Wohnmobilpark Willingen, Am Hagen 10a,
34508 Willingen (Upland), Tel.: 05632/960719,
www.wohnmobilpark-willingen.de

WEITE AUEN DER ELBE

Infozentrum für das UNESCO-Biosphärenreservat Flusslandschaft Elbe/Mecklenburg-Vorpommern
Auf der Festung 3
19303 Dömitz
Tel.: 038847/624840
www.elbetal-mv.de

Fläche in km²: 461
Gegründet: 1997
Geografische Lage: In Mecklenburg-Vorpommern, zwischen Boizenburg und Dömitz, Teil des Biosphärenreservats Flusslandschaft Elbe
Das gibt's: Urstromtal in seiner ganzen Breite zwischen Boizenburg und Dömitz, Fluss mit seinen Nebenarmen, Auen und Binnendünen
Erlebnis: Wandern, Radeln, Wassersport, Kanu fahren, Rangertouren, Erlebnispfade, Angeln

360-GRAD-BLICK VOM AUSSICHTSTURM ELWKIEKER IN BOIZENBURG

Hafen Dömitz

Hafenplatz 3
19303 Dömitz
Tel.: 038758/364290
www.doemitzer-hafen.de

Am Hafen an der Müritz-Elde-Wasserstraße im Naturpark Mecklenburgisches Elbtal/Biosphärenreservat Flusslandschaft Elbe

GPS: 53°8'12.00"N/11°15'23.00"E

Platz: 🚐/🚗🚐 = 24 auf Naturboden. ♿ 🐕
⚡ = 20 (16 A) 🚰 WC CHEM GRAU 📶 ⛱. Badebekleidung im Hotel-/Restaurant, Beach-Club unerwünscht. 🅁 Kochgeräte, Klima-/Heizgeräte bitte anmelden (kostenpflichtig). Abfahrt bis 14:00 Uhr. Ganzjährig geöffnet.
Preis: 19 € inkl. aller Pers., Entsorgung, WC, Müll-Entsorgung, WLAN (Hotel-Lobby/Restaurant). Strom 4 €/Tag, Wasser 1 €/100 l, Dusche 1 €/5 min. Bezahlung an der Rezeption (9:00-10:00 Uhr, 16:00-18:00 Uhr).

Distanz: 🍴, 🛒 0,1 km, 🛒 0,2 km, Ⓗ 0,4 km.
Gastro: Hafen-Restaurant am Platz, warme Küche Montag-Samstag 12:00-20:30 Uhr, sonntags bis 20:00 Uhr, Brötchen im Café (7:00-10:30 Uhr).
Freizeit: 🚲 0,5 km. Schifffahrt, Kanuverleih 0,5 km.
POI: Infozentrum Biosphärenreservat Flusslandschaft Elbe 1,9 km, Schmölener Wanderdüne 3,5 km.
Anfahrt: B191 Ausfahrt Dömitz, an der Elbbrücke Hinweisschildern zur Hafenmeile folgen.
Kontakt: ☎ 038758/364290, michael.kirstein@travdo-hotels.de, www.doemitzer-hafen.de

■ LANDSCHAFT VOLLER LEBEN

Naturparkzentrum
Neckartal-Odenwald
Kellereistraße 36
69412 Eberbach
Tel.: 06271/72985
**www.naturpark-
neckartal-odenwald.de**

Fläche in km²: 1.300
Gegründet: 1980
Geografische Lage: In Nordbaden,
an der Grenze zu Hessen und zu
Bayern
Das gibt's: Bunte Wälder, steile
Hänge, weite Felder, roter Sandstein,
lieblicher Neckar
Erlebnis: Wandern, Radeln, Moun-
tainbike, Nordic Walking, Wander-
reiten, Klettern

LIMES UND RÖMERN
AUF DER SPUR

Wohnmobilstellplatz In der Au

In der Au
69412 Eberbach
Tel.: 06271/87242
www.eberbach.de
Parkplatz am Badezentrum mit drei Bereichen

GPS: 49°27'42.10"N/8°58'10.18"E

Platz: P 🚐 = 30 auf Schotter, Wiese. 🐕 🐾 = 24
(16 A) ⚓ CHEM GRAU 📶 ≈ 🏠. VE-Station am
"Fetenplatz" in 0,1 km. Ganzjährig geöffnet.
Ausnahme: letzte zwei Augustwochen.

Preis: 8 € inkl. Entsorgung, Müll-Entsorgung. Strom
1 €/2 kWh, Wasser 1 €/60 l. Bezahlung bargeld-
los am Automaten, VE mit Münzgeld.

Distanz: 🚉 , Ⓗ 0,1 km, 🏖 1,2 km, 🛒 3 km.

Gastro: Restaurant "Sunbar".

Freizeit: Baden, Tennishalle, Neckartalradweg.

POI: Neckartal mit vielen Burgen, historische

Altstadt mit Museum in Eberbach 3 km.

Kontakt: Stadt Eberbach, ☎ 06271/87242, tourismus@
eberbach.de, www.eberbach.de

Weitere Stellplätze (siehe auch www.bordatlas.de):
Wohnmobilstellplatz Neckarlauer, B37, Uferstraße,
69412 Eberbach, Tel.: 06271/87242, www.eberbach.de

Wohnmobilpark Schwarzach „Am Wildpark",
Tonwerkstraße 8, 74869 Schwarzach/Odenwald,
Tel.: 06262/9172910, www.wohnmobilpark-schwarzach.
de. Mehr Stellplätze: www.bergstrasse-odenwald.de

54668 Echternacherbrück / NP Südeifel

■ ZWEITÄLTESTER NATURPARK DEUTSCHLANDS

Naturparkzentrum Teufelsschlucht
Ferschweilerstraße 50
54668 Ernzen
Tel.: 06525/933930
www.naturpark-suedeifel.de

Fläche in km²: 432
Gegründet: 1958
Geografische Lage: Im Dreieck Trier-
Bitburg-Luxemburg, Teil des Deutsch-
Luxemburgischen Naturparks
Das gibt's: Dicht bewaldetes Mittel-
gebirge, Felslandschaften in Tälern,
Seen, Flüsse und Bäche, landwirt-
schaftliche Nutzflächen, große Arten-
vielfalt
Erlebnis: Wandern, Radeln, Ranger-
touren, diverse Aussichtspunkte

BIERBRUNNEN BITBURG

Stellplatz am Campingpark Echternacherbrück

Mindener Straße 18
54668 Echternacherbrück
Tel.: 06525/340
www.echternacherbrueck.de

Stellflächen vor dem Campingplatz, in der Südeifel

GPS: 49°48'43.27"N/6°25'52.97"E

Platz: ⓟ 🚐/🚗🚐 = 15 auf Wiese, Rasengittersteine. 🐕 🚐 = 15 (16 A) 🚿 WC CHEM GRAU 📶 🔌 🔥
📮 🚲. Anfahrt 24 h. Ganzjährig geöffnet.

Preis: Ab 20 € inkl. Strom, Wasser, Entsorgung,
Dusche, WC, Müll-Entsorgung, Kurtaxe, WLAN.
Je nach Saison 20-29 €.

Distanz: 🍴, 🛏 0,1 km, 🛒 0,1 km, Ⓗ 0,4 km.

Gastro: Frühstücksservice.

Freizeit: 🏊 0,1 km, 🏞 0,4 km. Schifffahrt auf der Mosel,
Besichtigung der Bitburger Brauerei, Mühlen-
besichtigungen, Kanu fahren, Minigolf,

Echternacher See 1 km.

POI: Altstadt Echternach 0,5 km, Liboriuskapelle
1,5 km, Bitburg 21 km.

Anfahrt: A60 → Bitburg, B257 → Echternach und
Luxemburg, vor dem Ort den Schildern folgen.

Kontakt: ☎ 06525/340, info@echternacherbrueck.de,
www.echternacherbrueck.de

Weitere Stellplätze: www.eifel.info

■ IM LAND DER HEIDJER

Heide-Erlebniszentrum Undeloh
Wilseder Straße 23
21274 Undeloh
Tel.: 05198/987030
**www.naturpark-
lueneburger-heide.de,
www.heide-erlebniszentrum.de**

Fläche in km²: 1.070
Gegründet/erweitert: 1956/2007
Geografische Lage: Von Buchholz
im Norden bis Soltau im Süden,
Schneverdingen im Westen bis an die
Grenzen von Lüneburg im Osten
Das gibt's: Heidelandschaft, Moore,
alte Wälder, Heidebäche und Flüsse,
Weide- und Ackerland
Erlebnis: Wandern, Radeln, Pilgern,
Nordic Walking, Reiten, Kutschfahr-
ten, Kanu fahren, Geocaching, Natur-
und Landschaftsführungen

ENTDECKER-SOMMER-
CAMPS IM NATURCAMPUS
BOCKUM

Naturerlebnisbad Aquadies

Ahornweg 7
21272 Egestorf-Nordheide
Tel.: 04175/280
www.aquadies.de
Terrassierte Stellplätze am Naturerlebnisbad

GPS: 53°11'52.00"N/10°3'16.00"E

Platz:	⚡ 🚐 = 50 auf Schotter. ♿ 🐕 🚐 = 20 (16 A) 🔌 WC CHEM GRAU ⚓ ✍ 🐎 ≈. 🅁 nur bei Gruppen. Gratis-Ringbuslinie "Heide-Shuttle" vom 15.7.-15.10. Ganzjährig geöffnet.
Preis:	8 € inkl. aller Personen, Entsorgung, WC, Müll-Entsorgung. Strom 2 €, Wasser 1 €, Dusche 2 €/ Pers. Ab 2. Nacht 7 €, 3. Nacht 6 €, 30 €/Woche. Wohnmobile mit Anhänger 11 €. WC/Dusche im Schwimmbad (9:00-18:00 Uhr) gegen ermä-ßigten Eintritt mit Stellplatzticket (1.5.-15.9.).
Distanz:	🚏 0,5 km, 🛒 1 km, Ⓗ 1 km, ⛺ 1 km.

Gastro:	Kiosk von Mai-Oktober 10:00-18:00 Uhr, Bröt-chenservice von Mai-Oktober.
Freizeit:	Naturschutzgebiet Lüneburger Heide 2 km, Barfußpark, Wildpark 12 km.
POI:	Philosophischer Steingarten 1 km, Museum im Dresslers Hus 1 km, St.-Stephanus-Kirche 1 km.
Anfahrt:	A7 Ausfahrt Egestorf, im Ort beschildert.
Kontakt:	Gemeinde Egestorf, ☎ 04175/280, info@ gemeinde-egestorf.de, www.aquadies.de

Weitere Stellplätze: www.lueneburger-heide.de

◼ HERRLICH UNAUFGEREGTE URLAUBSREGION

Infozentrum Naturpark Altmühltal
Notre Dame 1
85072 Eichstätt
Tel.: 08421/98760
www.naturpark-altmuehltal.de

Fläche in km²: 2.962
Gegründet: 1965
Geografische Lage: Südliche
Frankenalb
Das gibt's: Altmühltal-Radweg,
Panoramaweg, Fossilien
Erlebnis: Wandern, Radeln,
Fossilien suchen

DINOPARK ALTMÜHLTAL

Stellplatz Schottenwiese/Volksfestplatz

Schottenwiese neben Pirkheimer Straße
85072 Eichstätt
Tel.: 08421/900610
www.eichstaett.de

Separater Stellplatz am Rand der Altstadt

GPS: 48°53'3.47"N/11°11'51.90"E

Platz: ⛺🅿 = 70 auf Schotterrasen. 🐕 🚐 = 48 ⚓ 🚾 CHEM GRAU 📶 🔥. Ausweichplätze am Freiwasserparkplatz. WC von Oktober-März geschlossen. Ganzjährig geöffnet. Ausnahme: Eichstätter Volksfest (1. Septemberwoche) gesperrt.

Preis: 10 € inkl. Entsorgung, WC, Müll-Entsorgung, WLAN. Strom 0,50 €/kWh, Wasser 1 €/80 l, Dusche 0,50 €/4 min. Parkscheinautomat.

Distanz: Ⓗ 0,1 km, 🛒 0,3 km, 🚏 0,5 km, 🏊 1 km.

Gastro: Bäcker-/Frühstücksservice in der HS täglich um 8:00 Uhr, Brauereigasthöfe in der Altstadt.

Freizeit: 🏞 1 km, 🏡 0,1 km, 🚴 1 km. Altmühltal-Radwanderweg, Tennis 0,1 km, Bootsverleih 0,2 km.

POI: Barocke Altstadt mit Schutzengelkirche, Museen/Dom 0,5 km, Heiliges Grab in der Kapuzinerkirche 1,5 km, Willibaldsburg/Fossiliensteinbrüche 2 km, Römerkastell Pfünz 6 km.

Anfahrt: A9 Ausfahrt Eichstätt, B13 → P+R.

Kontakt: Wohnmobil- und Zeltplatz Eichstätt, ☎ 08421/900610, platzbetreuung-eichstaett@gmx.de, www.eichstaett.de

Weitere Stellplätze: www.naturpark-altmuehltal.de

■ HEIMAT LUTHERS

Regionalverband Harz
Hohe Straße 6
06484 Quedlinburg
Tel.: 03946/96410
www.harzregion.de

Fläche in km²: 256
Gegründet: 2012
Geografische Lage: Im südwest-
lichen Teil Sachsen-Anhalts
Das gibt's: Ausgedehnte Wälder,
weite, landwirtschaftlich genutzte
Flächen, Flüsse und Bäche
Erlebnis: Wandern, Radeln, Baden,
Natur erkunden

ROSARIUM SANGERHAUSEN

Wohnmobilstellplatz Eisleben

Wiesenweg
06295 Eisleben/Lutherstadt
Tel.: 03475/602124
www.lutherstaedte-eisleben-mansfeld.de
An einer Sportstätte am Ortsrand

GPS: 51°31'44.00"N/11°33'46.00"E

Platz:	P 🚐 = 7 auf Asphalt. ♿ 🐕 ➡ ⚓ CHEM GRAU. Ganzjährig geöffnet.
Preis:	10 € inkl. Entsorgung. Strom 1 €/2 kWh, Wasser 1 €/100 l. VE für Durchreisende 1 €. Parkschein-automat.
Distanz:	🏠 0,1 km, 🚌 0,3 km, 🛒 0,4 km.
Freizeit:	Wandern im Südharz, Fahrt mit der Mansfelder Bergwerksbahn, Lutherweg Mansfeld.
POI:	UNESCO-Weltkulturerbe Luthergedenkstätten mit Museen, Zisterzienserinnenkloster Helfta, Begegnungsstätte Schloss Mansfeld, Fachwerk-

stadt Stolberg, Rosenstadt Sangerhausen.

Kontakt: Tourist-Information Lutherstadt Eisleben,
☎ 03475/602124, info@lutherstaedte-
eisleben-mansfeld.de, www.lutherstaedte-
eisleben-mansfeld.de

Weitere Stellplätze (siehe auch www.bordatlas.de):
Parkplatz an der Probstmühle, 06526 Sangerhausen,
Tel.: 03464/19433, www.sangerhausen-tourist.de

Reisemobilplatz Forellenteich, Harzstraße 31a, 06502
Timmenrode, Tel.: 0171/4346051, www.teichwirtschaft-
timmenrode.de

■ BR PFÄLZERWALD-NORDVOGESEN

Haus der Nachhaltigkeit
Johanniskreuz 1a
67705 Trippstadt
Tel.: 06306/9210130
www.pfaelzerwald.de,
www.hdn.wald.rlp.de

Fläche in km²: 1.790
Gegründet: 1958
Geografische Lage: Im Süden von
Rheinland-Pfalz, an der Grenze zu
Frankreich, länderübergreifend
Das gibt's: Eine der größten Wald-
regionen Deutschlands, Weinstraße,
tief eingeschnittene Bachtäler, bizarre
Felsformationen
Erlebnis: Wandern, Radeln,
Mountainbike, Klettern

VIELE BURGEN UND RUINEN

Wohnmobilstellplatz Elmstein

Bahnhofstraße 88
67471 Elmstein
Tel.: 06328/234
www.elmstein.de

Mitten im Mountainbikepark und im Pfälzerwald

GPS: 49°20'53.21"N/7°56'36.58"E

Platz: 🅿 🚐/🚗🚐 = 4 auf Schotter. 🐕 🐾 = 4
🛜 ⚓. WLAN Hotspot/Liegewiese in 0,2 km.
🆁 nur bei Gruppen. Nächste VE in 15 km, WC
im Besucherinfozentrum (0,2 km) zu den Öff-
nungszeiten. Ganzjährig geöffnet.
Preis: Übernachtung gratis. Strom 0,50 €/kWh.
Distanz: 🚆 0,4 km, 🅗 0,5 km, 🏖 0,5 km, 🛒 0,8 km.
Gastro: Metzgerei 0,8 km, 2 Bäckereien 0,7 km.
Freizeit: 🚵 3 km. Dampfeisenbahn (sonntags),
Kuckucksbahnhof 0,2 km, Minigolf/Pitpat
0,3 km, Trifterlebnispfad 2,5 km, Natur-

freundehaus Elmstein 2,6 km, Badesee 5 km.
POI: Wappenschmiede 0,8 km, Alte Samenklenge –
Haus der Wald-/Forstgeschichte 0,8 km,
Burgruine Elmstein 1,5 km.
Anfahrt: A65 Ausfahrt Neustadt-Nord → Kaiserslautern
(B39), nach Lambrecht links → Elmstein (L499).
A6 Ausfahrt Enkenbach/Alsenborn → Hochspey-
er (B48) → Johanniskreuz → Elmstein (L499).
Kontakt: Besucherinfozentrum "Flößerei und Trift",
☎ 06328/234, touristinfo@elmstein.de,
www.elmstein.de

■ IM SÜDLICHEN FICHTELGEBIRGE

Naturpark-Infozentrum im Waldhaus
Pfaben 3
92681 Erbendorf
Tel.: 09683/9299797
www.naturpark-steinwald.de

Fläche in km²: 230
Gegründet: 1970
Geografische Lage: Im Nordosten
Bayerns, nördliche Oberpfalz, Süd-
rand Fichtelgebirge
Das gibt's: Mehr als 900 Meter hoher
Granitrücken des Steinwalds, Misch-
wälder, bizarre Felsformationen
Erlebnis: Wandern, Radeln, Lehr-
pfade, Geologie erleben

OBERPFALZTURM

Stellplatz Bahnhofstraße

Bahnhofstraße
92681 Erbendorf
Tel.: 09682/921012
www.erbendorf.de
Befestigter und beleuchteter Stellplatz am Zentrum/Festplatz

GPS: 49°50'29.92"N/12°2'49.68"E

Platz: ⊞ = 8 auf Pflaster. ♿ 🐕 ➡ ⚓ CHEM GRAU
🐾. Aufenthalt max. 3 Tage. Ganzjährig
geöffnet.
Preis: Übernachtung gratis inkl. Entsorgung. Wasser
1 €/10 min. Strom gegen Gebühr.
Distanz: 🏠, 🛒 0,1 km, Ⓗ 0,2 km, 🚆 0,2 km.
Gastro: Am Platz.
Freizeit: ≈ 1 km, 🏛 1 km, 🚲 0,5 km. Heimat-/Berg-
baumuseum, Besichtigung der Porzellanfabrik
und Pralinenherstellung, Schnapsbrennerei,
Nordic-Walking-Kurse, Angeln.

POI: Naturpark Steinwald 3 km, Oberpfalzturm 5 km,
Naturparkinfozentrum im Waldhaus 8,9 km.
Anfahrt: Ortsdurchfahrt auf der Hauptstraße zur Fest-
halle ➝ Marktredwitz, beschildert.
Kontakt: Tourist-Info Erbendorf, ☎ 09682/921012,
tourist-info@erbendorf.de, www.erbendorf.de
Weitere Stellplätze (siehe auch www.bordatlas.de):
Reisemobilplatz Frauenreuther Weiher, Weißensteiner
Weg und **Reisemobilplatz an der Steinwaldhalle**,
Am Hammerweiher 3, Tel.: 09683/923115,
www.friedenfels.de/tourismus

■ WÄLDER, HEIDEFLÄCHEN UND BÄCHE

Naturparkinfozentrum Südheide
Im Bahnhof
29348 Eschede
Tel.: 05142/41126
www.naturpark-suedheide.de

Fläche in km²: 500
Gegründet: 1964
Geografische Lage: In Niedersachsen, nördlich von Celle, in der südlichen Lüneburger Heide
Das gibt's: Ausgedehnte Mischwälder, typische Heidelandschaft mit Flüssen und Bächen, eher flaches Relief
Erlebnis: Wandern, Radeln, Reiten, Paddeln auf der Örtze, Bauernhofläden rund um Celle

BAUERNHOFLÄDEN RUND UM CELLE

Stellplatz Am Schützenplatz

Bundesstraße 191/Uelzener Straße 22-24
29348 Eschede
Tel.: 05142/41123
www.touristinfo-eschede.de
In zentraler Lage auf einer großzügigen Parkfläche

GPS: 52°44'12.73"N/10°14'26.24"E

Platz: 🅿 🚐 = 10 auf Schotter. 🐕 ⚓ CHEM GRAU ⚓. Stellflächen durch Hecken von der Straße abgeteilt. Ganzjährig geöffnet.
Preis: Übernachtung gratis inkl. Entsorgung. Wasser 1 €.
Distanz: 🛒 0,5 km, 🛒 0,5 km, Ⓗ 1,5 km.
Gastro: Restaurant "Deutsches Haus" 0,5 km.
Freizeit: ≋ 0,1 km. Naturpark Südheide.
POI: Naturparkinfozentrum 1,3 km, Celle 15 km.
Anfahrt: B191 am Ortsausgang → Uelzen, auf der rechten Seite.

Kontakt: Florian Bruns, ☎ 05142/41123, florian.bruns@eschede.de, www.touristinfo-eschede.de

Weitere Stellplätze (siehe auch www.bordatlas.de):
Wildpark, Willighäuser Kirchweg/Heuweg, 29328 Faßberg-Müden, Tel.: 05055/5970, www.fassberg.de

Schützenplatz, Lotharstraße 75, 29320 Hermannsburg, Tel.: 05052/6574, www.hermannsburg-urlaub.de

Stellplatz Unterlüß, Altensothriethweg 80, 29345 Unterlüß, Tel.: 05052/65490, www.hermannsburg-urlaub.de

■ ÖSTLICHES HÜGELLAND HOLSTEINS

Naturpark Holsteinische Schweiz
Robert-Schade-Straße 24
23701 Eutin
Tel.: 04521/7756540
**www.naturpark-
holsteinische-schweiz.de,
www.holsteinischeschweiz.de**

**UMFANGREICHES
UMWELTBILDUNGS-
ANGEBOT**

Fläche in km²: 750
Gegründet: 1986
Geografische Lage: Im Osten von
Schleswig-Holstein, zwischen Kiel
und Lübeck
Das gibt's: Hügel und mehr als 200
Seen, geformt durch die Weichsel-
Eiszeit, Bäche und Flüsse
Erlebnis: Wandern, Radeln, Baden,
Boot und Kanu fahren, Angeln

Reisemobilpark Eutiner See

Oldenburger Landstraße 21
23701 Eutin
Tel.: 04521/70970
www.reisemobilpark-eutin.de
In der Holsteinischen Schweiz, direkt am Großen Eutiner See

GPS: 54°8'2.38"N/10°37'45.66"E

Platz: 🚐 = 24 auf Pflaster, Sand/Splitt. ♿ 🐕 🔌 =
24 ⚡ WC CHEM GRAU 📶. Spüle, behindertengerechte Dusche/WC, Elektro-Cabrios ab 79 €/Tag.
Aufenthalt max. 14 Tage, keine Reservierung
möglich. Anmeldung am Automaten im Kas-
senhaus. Kassenbeleg mit Abreisedatum an die
Windschutzscheibe. Ganzjährig geöffnet.
Preis: 16 € inkl. Entsorgung, WC, Müll-Entsorgung,
WLAN. Strom 0,50 €/ kWh, Wasser 1 €/100 l,
Dusche 1 €/5 min, Waschmaschine/Trockner je
2 €. Bargeldlose Bezahlung über Chipkarte.

Distanz: 🛒 1 km, 🏖 1 km, 🍽 1 km.
Gastro: Bäckerwagen am Montag und Donnerstag.
Freizeit: ♨ 1,9 km. Seerundfahrt 0,1 km, historische
Badeanstalt am Großen Eutiner See 2,2 km.
POI: Altstadt und Museum 1 km, Schloss Eutin 1 km,
Jagdschlösschen am Ukleisee 7,5 km.
Anfahrt: A7, aus Neumünster B430, aus Kiel B76. A1 aus
→ Fehmarn/Lübeck über B76, Ausfahrt Eutin,
der Beschilderung folgen.
Kontakt: Tourist-Info Eutin, 📞 04521/70970, info@eutin-
tourismus.de, www.reisemobilpark-eutin.de

■ EINZIGES BR MIT WEINBAUGEBIET

Biosphärenhaus
Pfälzerwald/Nordvogesen
Am Königsbruch 1
66996 Fischbach bei Dahn
Tel.: 06393/92100
www.pfaelzerwald.de,
www.biosphaerenhaus.de

Fläche in km²: 3.018 (insgesamt)/1.809 (Pfälzerwald)
Gegründet: 1992/1998
Geografische Lage: In Rheinland-Pfalz und hinüber nach Frankreich
Das gibt's: Länderübergreifend, größter zusammenhängender Wald in Deutschland, artenreich, Wiesentäler, Felstürme, Burgruinen
Erlebnis: Wandern, Radeln, Mountainbike, Felsklettern, Gleitschirmfliegen, Reiten, Geocaching, Trekking an 13 Plätzen

BAUMWIPFELPFAD UND FALKNEREI

Biosphärenhaus Pfälzerwald/Nordvogesen

Am Königsbruch 1
66996 Fischbach bei Dahn
Tel.: 06393/92100
www.biosphaerenhaus.de

Im Wald unterhalb des Biosphärenhauses

GPS: 49°5'14.88"N/7°43'37.28"E

Platz: 🅿 🚐 = 6 auf Sand/Splitt. 🐕 ➡ ⚓ CHEM 🔥 ⚓ 🐾 . 🚻 . Nur nach telefonischer Voranmeldung. Frischwasserabgabe in kleinen Mengen. Aufenthalt max. 2 Nächte. Geöffnet: Ostern-Ende Oktober.

Preis: 20 € inkl. aller Personen, Wasser, Entsorgung. Strom 0,50 €/ kWh. 2 € Rabattgutschein fürs Biosphärenhaus inklusive.

Distanz: Ⓗ 0,2 km, 🛏 0,8 km, 🛒 0,9 km, 🍴 0,5 km, weitere Restaurants in 0,9 km Entfernung.

Freizeit: ≈ 1 km. Besuch des Biosphärenhaus, Baum-

wipfelpfad, Erlebnis-Rundwege, Fitnessrundweg, See 1 km.

POI: Barfußpfad 3 km, Burg Fleckenstein 14 km.

Anfahrt: Von Landau/Saarbrücken B10 Ausfahrt Hinterweidenthal, weiter über Dahn nach Fischbach.

Kontakt: ☎ 06393/92100, info@biosphaerenhaus.de, www.biosphaerenhaus.de

Weitere Stellplätze (siehe auch www.bordatlas.de):
Stellplatz Lambrecht, Blainviller Straße 1, 67466 Lambrecht, Tel.: 06325/181110, www.lambrecht-pfalz.de

■ EINGERAHMT VON MAIN, KINZIG UND SINN

Zweckverband Naturpark
Hessischer Spessart
Georg-Hartmann-Straße 5-7
63637 Jossgrund
Tel.: 06059/906783
**www.naturpark-
hessischer-spessart.de**

Fläche in km²: 740
Gegründet: 1963
Geografische Lage: Vor den Toren
der Rhein-Main-Region, im nördli-
chen Spessart
Das gibt's: Mischwaldreiches
Mittelgebirge, große Eichen- und
Buchenbestände, artenreiche Flora
und Fauna
Erlebnis: Wandern, Radeln, Moun-
tainbike, Wildgehege und Walderleb-
nispfad, Wildkräutertour

MEDITATIVE WALDWANDERUNG

Stellplatz am Freibad Lohrhaupten

Gartenstraße 100
63639 Flörsbachtal-Lohrhaupten
Tel.:06057/90010
www.floersbachtal.de

Am Ortsrand, neben dem Freibad

GPS: 50°7'19.69"N/9°28'25.11"E

Platz: = 8 auf Schotterrasen. WC CHEM GRAU. Dusche/WC im Winter geschlossen. Ganzjährig geöffnet.
Preis: 10 € inkl. Wasser, Entsorgung, WC. Strom 0,50 €/kWh.
Distanz: 0,2 km, 0,8 km, 1 km.
Gastro: Keilerstübchen, Donnerstag-Sonntag geöffnet.
Freizeit: 0,1 km. Kneipp-Anlage 0,1 km.
Anfahrt: B276, in die Lohrer Straße nach Lohrhaupten abbiegen. Ab Ortsmitte den Schildern folgen.

Kontakt: 06057/90010, info@floersbachtal.net, www.floersbachtal.de

Weitere Stellplätze (siehe auch www.bordatlas.de):
Stellplatz Näßlichgrund, Parkstraße, 63579 Freigericht-Horbach, Tel.: 06055/9160, www.freigericht.de

Stellplatz an der Jossa, Jossastraße, 63628 Mernes, Tel.: 06660/1376, www.mernes.de

Weitere Stellplätze:

www.spessart-tourismus.de/wohnmobil

■ LANDSCHAFT VOLLER LEBEN

Emsland Moormuseum
Geestmoor 6
49744 Geeste-Groß Hesepe
Tel.: 05937/709990
www.naturpark-moor.eu,
www.moormuseum.de

Fläche in km²: 140
Gegründet: 2016
Geografische Lage: Grenzüber-
greifend in Nordwestdeutschland
und Ostniederlande, zwischen den
Landkreisen Emsland, Grafschaft
Bentheim und der niederländischen
Provinz Drenthe
Das gibt's: Hoch- und Niedermoor-
flächen als Lebensraum für Frösche,
Insekten und 280 Vogelarten
Erlebnis: Wandern, Radeln, Natur-
führungen, Geocaching, Erlebnis-
und Infopfade, Aussichtsplattformen

FELDBAHNEN, DIE DURCH MOOR ZUCKELN

Womopark Geeste
Biener Straße 13 a
49744 Geeste
www.emspark-auenwald.com

Am Speichersee Geeste

GPS: 52°35'40.81"N/7°16'23.94"E

Platz: 🚐 = 70 auf Pflaster, Wiese. ♿ 🐕 ➡️ = 16 🚿 WC CHEM GRAU. Corona-Teststation am Platz. Ganzjährig geöffnet. Bei Veranstaltungen eingeschränkt nutzbar.
Preis: Übernachtung gratis.
Distanz: Ⓗ 0,1 km, 🏊 0,5 km, 🚆 1,2 km, 🛒 3 km.
Gastro: Restaurant zur Krone in 1,2 km (nur zu Fuß erreichbar), Restaurant Aepken 4,4 km.
Freizeit: 🌊 4,3 km. Wandern, Radfahren, Kanufahren, Angeln, Segeln, Moor-Energie-Erlebnispfad 7 km.

POI: 800-jährige St. Nikolaus-Kirche Groß Hesepe, Moormuseum 7 km.
Anfahrt: BAB31 Ausfahrt 23 nach Geeste, dann der Beschilderung "Speicherbecken" folgen.
Kontakt: KSB Freizeit und Immobilien, womopark@emspark-auenwald.com, www.emspark-auenwald.com

Weitere Stellplätze (siehe auch www.bordatlas.de):
Stellplatz am Hallenbad, Am Hallenbad 9, 49767 Twist, Tel.: 05936/93300, www.twist-emsland.de

■ SPESSART MAINLAND

Naturpark Spessart
Frankfurter Straße 4
97737 Gemünden
Tel.: 09351/603947
www.naturpark-spessart.de

Fläche in km²: 1.710
Gegründet: 1960
Geografische Lage: In Nordwest-Bayern
Das gibt's: Eines der größten zusammenhängenden Waldgebiete Deutschlands, Bergwerk Sommerkahl, Naturerlebnisgarten
Erlebnis: Wandern, Radeln, Kanuwandern

FÜHRUNGEN MIT DEM RANGER

Stellplatz An der Fränkischen Saale

Lindenwiese/Duivenallee
97737 Gemünden am Main
Tel.:09351/800170
www.stadt-gemuenden.de

Am Saaleufer/Sportplatz nahe Zentrum und Bahnlinie

GPS: 50°3'29.87"N/9°41'19.92"E

Platz: 🅿 🚐 = 17 auf Rasengittersteine. 🐕 ➡ ⚓ CHEM GRAU ⚓ 🐂 ≈. Aufenthalt max. 2 Nächte, 1.4.-15.10., Dusche/VE für Durchreisende am Campingplatz Saale-Insel. Stromanschluss nur auf der Lindenwiese. Ganzjährig geöffnet.
Preis: 5 €. Strom 0,65 €/kWh, Entsorgung 3 €, Dusche 2 €. Münzautomat.
Distanz: 🛒 0,5 km, 🥖 0,5 km, Ⓗ 0,5 km, 🚏 0,5 km, weitere Restaurants in 0,7 km.
Freizeit: 🚲 0,5 km. Freilichtfestspiele im Juli/August, Minigolf, Tennis, Kanuverleih 0,3 km.

POI: Huttenschloss 0,3 km, Altstadt 0,5 km, Ruine Scherenburg 0,8 km, Kloster Schönau 4 km.
Anfahrt: A7 Ausf. Hammelburg, B27 Hammelburg bis Gemünden, Ausschilderung Parkplatz Lindenwiese/Camping/Schwimmbad folgen.
Kontakt: Tourist-Information, ☎ 09351/800170, touristinformation@gemuenden.bayern.de, www.stadt-gemuenden.de

Weitere Stellplätze: www.spessart-mainland.de

■ GRÖSSTER NATURPARK DEUTSCHLANDS

Infozentrum Kaltenbronn
Kaltenbronn 600
76593 Kaltenbronn
Tel.: 07224/655197
www.naturparkschwarzwald.de,
www.infozentrum-kaltenbronn.de

Fläche in km²: 4.200
Gegründet: 2000
Geografische Lage: In Baden-Württemberg, im Süden angrenzend an
den Naturpark Südschwarzwald
Das gibt's: Dicht bewaldetes Mittelgebirge mit landwirtschaftlichen
Grünflächen, tiefen Tälern, Schluchten, Flüssen und Bächen
Erlebnis: Wandern, Radeln, Mountainbike, Erlebnispfade, Wander-
reiten, Gleitschirmfliegen, Schnee-
schuhtouren und Langlaufen

TREKKING:
IN DER WILDNIS
ÜBERNACHTEN

Wohnmobilstellplatz Reichental

Auwiesenstraße 16/Festplatz
76593 Gernsbach
Tel.: 07224/64444
www.gernsbach.de

Am Rande des Festplatzes an der Auffahrt zum Sportplatz

GPS: 48°43'53.90"N/8°23'45.50"E

Platz: [P] [🚐] = 2 auf Schotter. 🐕 ➡ ⚓ CHEM.
Strom- und Wasserversorgung auf der anderen
Seite der Auffahrt, am Lager-Gebäude der
Sportvereine. Ganzjährig geöffnet.
Preis: Übernachtung gratis inkl. aller Personen,
Wasser, Entsorgung. Strom gegen Gebühr.
Distanz: Ⓗ 0,5 km, 🛒 0,5 km, 🏠 0,5 km, 🚊 1 km.
Freizeit: ≈ 0,7 km. Panoramaweg, Naturerlebnisweg
und Kindererlebnispfad Kaltenbronn 9 km.
POI: Altes Rathaus, Waldmuseum Reichental (nur
So, Mai-Oktober) 0,6 km, Katz'scher Garten

mit Arboretum 8 km, Schloss Eberstein 9 km,
Hochmoor Kaltenbronn 9 km.
Anfahrt: A5 bis Rastatt-Nord, B462 → Gernsbach-Freu-
denstadt, nach dem Tunnel, im Ortsteil Hilpert-
sau links L76b → Kaltenbronn/Bad Wildbad.
Kontakt: ☎ 07224/64444, touristinfo@gernsbach.de,
www.gernsbach.de
Weitere Stellplätze (siehe auch www.bordatlas.de):
Stellplatz am Rappenfelsen, Murgtalstraße 1, 76596
Forbach-Gausbach, Tel.: 07228/2691

Mehr Stellplätze: www.schwarzwald-tourismus.info

■ LANDSTRICH VOLLER GEGENSÄTZE

Informationszentrum
Naturpark Frankenhöhe
Am Kirchberg 4
91598 Colmberg
Tel.: 09803/9326202
www.naturpark-frankenhoehe.de

Fläche in km²: 1.105
Gegründet: 1974
Geografische Lage: Im Westen
Mittelfrankens
Das gibt's: Bergrücken mit Misch-
wald, Flüsse (Jagst und Fränkische
Rezat) und Bäche, Wiesen, Felder
Erlebnis: Wandern, Radeln, Reiten,
Lehrpfade, Naturpark-Schule

VOGELSTIMMEN-WANDERUNG

Mohrenhof Franken

Lauterbach 3
91608 Geslau-Lauterbach
Tel.: 09867/978609
www.mohrenhof-franken.de

*An einem kleinen Badesee auf Panoramaterrassen mit
Durchreiseplätzen am Camping-Eingangsbereich*

GPS: 49°20'42.17"N/10°19'27.43"E

Platz: P 🚐/🚗 = 250 auf Wiese, Pflaster, Asphalt. ⚡ WC CHEM/Bio GRAU 📶 ⚓ 🎣
🐕. ℞ wird empfohlen. 6 Womostellplätze für
Durchreisende, dort Aufenthalt max. 2 Tage.
Ganzjährig geöffnet.

Preis: 44,55 € inkl. Wasser, Entsorgung, Dusche, WC.
Jede weitere Pers. (ab 18 J.) 9 €/(3-18 J.) 5,50 €,
Strom 0,60 €/kWh, Umweltabgabe 1 €, Hund
3,77 €. HS 44,55 €/NS 42,42 €. Durchreiseplatz
ab 25,21 € inkl. Wasser, Entsorgung, Dusche, WC.

Distanz: 🛏 0,5 km, 🛒 2 km, ⊞ 2,5 km.

Gastro: "Kleine Seekneipe", warme Küche ab 16:00 Uhr,
So/Feiertag ab 11:00 Uhr, Frühstücksservice.

Freizeit: ≈ 10 km, 🏊 10 km, 🚴 6 km. Freizeitpro-
gramm/Freizeitaktivitäten am Hof.

POI: Burg Colmberg 4 km, Schloss Schillingsfürst mit
Falknerei 8 km, Rothenburg o.d.T. 10 km.

Anfahrt: A7 Ausfahrt Rothenburg o.d.T. → Ansbach,
Geslau, Lauterbach, im Ort rechts. Oder über A6
Ausfahrt Aurach-Leutershausen.

Kontakt: ☎ 09867/978609, info@mohrenhof-franken.
de, www.mohrenhof-franken.de

■ MOOR, SEE, WALD UND MEHR

Naturschutz- und Informationszentrum Goldenstedt (NIZ)
Arkeburger Straße 22
49424 Goldenstedt
Tel.: 04444/2694
**www.naturpark-duemmer.de,
www.niz-goldenstedt.de**

Fläche in km²: 1.100
Gegründet: 1972
Geografische Lage: Nordöstlich von
Osnabrück, zwischen Drentwede und
Bohmte, Bersenbrück und Rahden
Das gibt's: Niedersachsens zweit-
größter See, Moor, Schilfgürtel
Erlebnis: Wandern, Radeln Schwim-
men, Segeln, Surfen, im Herbst
Kraniche beobachten

DÜMMER VOGELSCHAU

Haus im Moor

Arkeburger Straße 22
49424 Goldenstedt-Arkeburg
Tel.: 04444/2694
www.niz-goldenstedt.de

Am Rande des Naturschutzgebietes Goldenstedter Moor

GPS: 52°43'40.03"N/8°23'27.83"E

Platz:	🚐 = 5 auf Schotter. ♿ 🐕 🚾 🐎. Ganzjährig geöffnet.
Preis:	Übernachtung gratis.
Distanz:	Ⓗ 0 km, 🛒 7 km, 🛏 7 km.
Gastro:	Buchweizenspezialitäten beim NIZ.
Freizeit:	≈ 7 km, 🏖 10 km, 🚲 10 km. Moorbahn-fahrten, Moor- und Obsterlebnispfad, geführte Moorwanderungen.
POI:	Moortunnel-Museum Unter der Erde, Ringwall-anlage Arkeburg 1 km.

Kontakt: Naturschutz- u. Informationszentrum (NIZ),
☎ 04444/2694, haus-im-moor@niz-
goldenstedt.de, www.niz-goldenstedt.de

**Weitere Stellplätze (siehe auch www.bordatlas.de):
Midden int Dörp (Mitten im Dorf),** Ecke Rathausweg/
Brinkstr., 49406 Barnstorf, Tel.: 05442/8090, www.barnstorf.de

Reisemobilstellplatz Westufer Dümmer-See,
Dümmerstraße 39, 49401 Damme-Dümmerlohausen,
Tel.: 05491/6620, www.damme.de

■ LANDSCHAFTLICHES KLEINOD

Naturparkhaus Zittauer Gebirge
Hauptstraße 28
02779 Großschönau-Waltersdorf
Tel.: 035841/2146
**www.naturpark-
zittauer-gebirge.de**

Fläche in km²: 133
Gegründet: 2008
Geografische Lage: In Sachsen,
im Länderdreieck Deutschland-
Tschechien-Polen
Das gibt's: Oberlausitzer Land-
schaftsraum, bestehend aus dem auf
tschechischer Seite angrenzenden
Zittauer Gebirge und Jeschkenkamm,
blaues Band der Mandau
Erlebnis: Wandern, Radeln, Moun-
tainbike, Felsklettern, Reiten, Surfen,
Baden, Ski- und Eislaufen

MINDESTENS SECHS BERGGASTHÖFE

Camping-Bauernhof Lauscheblick

Saalendorf 5
02799 Großschönau-Waltersdorf
Tel.: 035841/36357
www.sell-hof.de
Bäuerlicher Familienbetrieb mit Campingwiese

GPS: 50°52'10.26"N/14°40'19.62"E

Platz: 🚐/🚗🚐 = 10 auf Pflaster, Wiese. 🐕 🔌 = 10 (16 A) 🚿 WC CHEM GRAU 📶 ⚓ 🎣. Ⓡ wird empfohlen. Geöffnet: 1.4.-31.10.
Preis: 25 € inkl. Wasser, Entsorgung, Dusche, WC, Müll-Entsorgung. Jede weitere Pers. 10 €, Strom 0,60 €/kWh, Strompauschale für eine Nacht 3 €, Hund 1 €, Kurtaxe (ab 14 J.)1,40 €, Wasch-maschine 3 €, Trockner 2 €. HS 20 €, NS 18 €. Mobil kurzfristig abstellen 2,50 €.
Distanz: 🛒, Ⓗ 0,5 km, 🚏 1 km, 🏊 2 km.
Gastro: Hofladen, Brötchen, Brot, Kuchen auf Bestel-

lung von Dienstag bis Sonntag ab 7:30 Uhr.
Freizeit: 🏊 1 km, ⛵ 1 km, 🚴 1 km. Hofführung, Aus-flüge nach Tschechien /Polen, Reiten 5 km.
POI: Naturparkhaus Zittauer Gebirge 1,6 km, Müh-len-/Damastmuseum 5 km, Burg/Klosteranlage Oybin 10 km.
Anfahrt: Zufahrt durch den Hof.
Kontakt: Renate Sell, ☎ 035841/36357, camping@sell-hof.de, www.sell-hof.de

Weitere Stellplätze: www.zittauergebirge-ferien.de

■ GRIMM-HEIMAT NORDHESSEN

Naturparkzentrum Habichtswald
Auf dem Dörnberg 13
34289 Zierenberg
Tel.: 05606/533266
www.naturpark-habichtswald.de

Fläche in km²: 474
Gegründet: 1962
Geografische Lage: Westlich von
Kassel
Das gibt's: Parks und Gärten, Flüsse,
Riesenstein vom Heiligenberg
Erlebnis: Wandern, Radeln, Schwimmen, Geocaching

MÄRCHENBÜHNE GUDENSBERG

Wohnmobilstellplatz Dörnberg

Bergweg
34317 Habichtswald-Dörnberg
Tel.: 05606/59960
www.habichtswald.de

Stellplatz am Ortsrand

GPS: 51°20'37.10"N/9°20'37.58"E

Platz: P 🚐/🚗🚐 = 4 auf Schotterrasen. 🐕 🔌
WC ♿. Leinenpflicht für Hunde. Schlüssel für
Strom und Sanitärgebäude gegen 20 € Pfand
bei bft-Tankstelle Wolfhager Straße 20. Geöffnet: April-Ende September.
Preis: Übernachtung gratis. Strom 1 €, WC 1 €.
Distanz: 🚉 0,4 km, 🏔 0,5 km, Ⓗ 0,6 km, 🛒 0,8 km.
Freizeit: 🌊 3 km, 🏊 9 km. Tennis, Segelflugplatz 5 km,
Klettergarten 5 km, Thermalbad 9 km.
POI: Naturparkzentrum Habichtswald (3,8 km
zu Fuß) 7,8 km, Bergpark Wilhelmshöhe

Kassel 9 km, Documenta-Kunstausstellung
Kassel 13 km.
Anfahrt: A4 Ausfahrt Zierenberg, B251 → Kassel, im
zweiten Ort links, Beschilderung folgen.
Kontakt: ☎ 05606/59960, info@habichtswald.de,
www.habichtswald.de

Weitere Stellplätze (siehe auch www.bordatlas.de):
Stellplatz Ehlen, Hasenbreite, 34317 Habichtswald-
Ehlen, Tel.: 05606/59960, www.habichtswald.de
Mehr Stellplätze: www.naturpark-habichtswald.de

■ NÖRDLICHSTES MITTELGEBIRGE DEUTSCHLANDS

Tourist-Information Hahnenklee
Kurhausweg 7
38644 Goslar-Hahnenklee
Tel.: 03946/96410
www.harzregion.de,
www.hahnenklee.de

Fläche in km² : 909
Gegründet: 1960
Geografische Lage: Südniedersachsen bis ans Grüne Band, Teile des Oberharzes
Das gibt's: Ausgedehnte Wälder, teils landwirtschaftlich genutzte Flächen, tiefe Täler, wilde Fluss- und Bachläufe
Erlebnis: Wandern, Radeln, Klettern, Schwimmen, Angeln

NORWEGISCHE STABKIRCHE

Reisemobilstellplatz Hahnenklee

Am Bocksberg/Großparkplatz Stabkirche
38644 Hahnenklee-Bockswiese
Tel.: 05325/51040
www.hahnenklee.de
Stellplätze auf einem öffentlichen Parkplatz

GPS: 51°51'26.00"N/10°20'32.00"E

Platz: P 🚐/🚗🚐 = 10 auf Pflaster. ♿ 🐕 ♿ CHEM. Enge Stellplätze, Keile erforderlich. Ganzjährig geöffnet.
Preis: Übernachtung gratis inkl. Entsorgung. Wasser 2 €/60 l, Kurtaxe 2,30 €/Pers.
Distanz: 🚊 0,2 km, Ⓗ 0,5 km, 🛒 0,5 km, 🛒 8 km.
Freizeit: 🏠 2 km, 🚲 0,5 km. Wandern auf dem Liebesbankweg, Angeln, ErlebnisBocksBerg mit Sommerrodelbahn, Mountain Biking, Skilift 0,5 km, Minigolf, Tennis 1 km, Bike Park Hahnenklee 1 km, Loipen 2 km, Waldseebad "Kut-

telbacher Teich" mit Bootsverleih 5 km.
POI: Oberharzer Wasserregal, Stabkirche Hahnenklee 0,2 km, Weltkulturerbe Goslar 16 km.
Anfahrt: In Goslar der B241 → Hahnenklee 12 km folgen, rechts auf die L515 abbiegen, bei K36 wieder rechts, am Ortseingang rechts, die Stabkirche passieren, geradeaus weiter bis zum Parkplatz.
Kontakt: Hahnenklee tourismus marketing GmbH, ☎ 05325/51040, info@hahnenklee.de, www.hahnenklee.de
Weitere Stellplätze: www.harzinfo.de

■ ZWEITÄLTESTER NATURPARK NIEDERSACHSENS

Erlebnisregion Hann. Münden
Lotzestraße 23
34346 Hann. Münden
Tel.: 05541/75313
**www.naturpark-muenden.de,
hann.muenden-erlebnisregion.de**

Fläche in km²: 450
Gegründet: 1959
Geografische Lage: Oberes Weser-
bergland zwischen Göttingen, Kassel,
Hann. Münden
Das gibt's: Bachtäler und Quellen,
Wälder, Streuobstwiesen, Wiesen-
täler, Steinbrüche, historische Wald-
nutzungsformen, dörfliche Kultur-
landschaft
Erlebnis: Wandern, Radeln, Boot
fahren, Märchen und Natur erleben,
Lehr- und Erlebnispfade, forstbotani-
scher Garten

MITTELALTERLICHES
DORF STEINRODE

Wohnmobilstellplatz Am Weserstein

Weserstein
34346 Hann. Münden
Tel.: 05541/75313
www.hann.muenden-erlebnisregion.de

*Parkplatz mit markierten Stellplätzen direkt am Weserstein,
auf einer Flussinsel an der Altstadt*

GPS: 51°25'12.76"N/9°38'54.90"E

Platz:	**P** 🚐 = 30 auf Pflaster, Wiese. 🐕 🚽 = 8 (16 A) 🚿 **WC** **CHEM** ✂. Öffnungszeiten öffentl. WC: 7:00-20:00 Uhr, Kurzzeitparken möglich. Ganz-jährig geöffnet.
Preis:	6 € inkl. aller Pers., WC. Strom 1 €/8 h, Wasser 1 €.
Distanz:	Ⓗ 0,5 km, 🛒 0,7 km, 🛒 1 km.
Gastro:	Mehrere Restaurants ab 0,3 km.
Freizeit:	≈ 1,5 km, 🚲 0,5 km. Kanufahren, Stadtfüh-rung 0,5 km, Kanuverleih 0,5 km.
POI:	Weserrenaissance, Wasserspuren 0,5 km, Alt-stadt mit Rathaus und 700 Fachwerkhäusern

aus 6 Jahrhunderten 0,7 km, Welfenschloss
0,7 km, Tillyschanze 1,5 km.
Anfahrt: Innerstädtische Beschilderung beachten.
Kontakt: Stadt Hann. Münden, ☎ 05541/75313,
info@hann.muenden-marketing.de,
www.hann.muenden-erlebnisregion.de

Weitere Stellplätze (siehe auch www.bordatlas.de):
Grüne Insel Tanzwerder, Tanzwerder 1, 34346 Hann.
Münden, Tel.: 05541/12257, www.busch-freizeit.de

Mehr Stellplätze: hann.muenden-erlebnisregion.de

■ WILDE UFER

Haus der Flüsse
Elbstraße 2
39539 Havelberg
Tel.: 039387/609976
www.mittelelbe.com,
www.haus-der-fluesse.de

Fläche in km²: 1.255
Gegründet/erweitert: 1990/2008
Geografische Lage: In Sachsen-Anhalt, entlang der Elbe zwischen Lutherstadt Wittenberg über Dessau-Roßlau, Magdeburg bis nach Seehausen, Teil des Biosphärenreservats Flusslandschaft Elbe
Das gibt's: Mittelelbe mit weiten Auen und Dünen, sandigen Ufern, Wald
Erlebnis: Wandern, Radeln, Natur beobachten, Reiten, Angeln, Wassersport, Kanu fahren, Baden

GARTENREICH DESSAU-WÖRLITZ

Stellplatz Campinginsel Havelberg

Spülinsel 6
39539 Havelberg
Tel.: 039387/20655
www.campinginsel-havelberg.de

Auf der Campinginsel in der Havel gegenüber der historischen Altstadt

GPS: 52°49'36.91"N/12°4'8.48"E

Platz: 🅿 🚐 = 18 auf Wiese, Schotter. ♿ 🐕 ➡ = 24 (16 A) 🔌 CHEM GRAU 📶 🔋 ⚓ ⛵ 🐎 🚲. Nutzung der Sanitäranlagen des Campingplatzes vom 1.4.-31.10. Ganzjährig geöffnet.

Preis: 20 € inkl. Strom, Wasser, Entsorgung, Müll-Entsorgung, WC. Jede weitere Person 4 €, Kurtaxe 1 €.

Distanz: 🛏, 🍽 0,2 km, 🛒 1 km, Ⓗ 1,5 km.

Gastro: Café/Biergarten auf dem Platz, Brötchenservice.

Freizeit: ≈ 0,8 km, ≈ 19 km. Hafenfest am letzten Juli-Wochenende, Wandern, Angeln, Boot fahren, Elbe Radweg, Havel-Schifffahrt, Dom-/Museumsführungen, Bootsverleih 0,3 km.

POI: Bad Wilsnack, Biberinsel, Prignitz-Museum, hist. Altstadt 0,3 km, St. Mariendom 2,5 km.

Anfahrt: B107 von Pritzwalk oder Tangermünde, über Seehausen oder Rhinow, Zufahrt über Bahnhofstraße von Norden auf die Insel.

Kontakt: Familie Heldt, ☎ 039387/20655, Mobil: 0152/02881331, info@campinginsel-havelberg.de, www.campinginsel-havelberg.de

WASSER, HÜGEL UND BERÜHMTE FLIEGER

Naturpark-Zentrum Westhavelland
Stremmestraße 10
14715 Milower Land
Tel.: 03386/211227
**www.westhavelland-naturpark.
de, www.nabu-westhavelland.de**

Fläche in km²: 1.315
Gegründet: 1998
Geografische Lage: In Brandenburg,
70 Kilometer westlich von Berlin, an
der Grenze zu Sachsen-Anhalt
Das gibt's: Wasser, weite Niede-
rungen, waldreiche Erhebungen
und kleine märkische Ortschaften
zwischen Brandenburg an der Havel,
Friesack und Neustadt/Dosse
Erlebnis: Wandern, Radeln, Wasser-
wandern, Boot fahren, Reiten und
Kutschfahrten, Fahrgastschifffahrt,
Vogel- und Himmelsbeobachtung

ÜBERNACHTUNGSPLÄTZE FÜR WASSERWANDERER

Wohnmobilpark Havel-Oase

Vor dem Kietz 8
14798 Havelsee-Pritzerbe
Tel.: 0162/4214175
www.havel-oase.de

Stellplatz am Havelufer

GPS: 52°29'48.00"N/12°27'7.00"E

Platz: ⓟ 🚐/🚗🚐 = 20 auf Wiese. ♿ 🐕 ➖= 20
(8 A) 🚿 WC CHEM GRAU 📶 📷 ⛱ 🛶 ⛵ 🚲 🅱.
Wintersaison: Aufenthalt nach telef. Absprache.
Behindertengerechte Duschen. 8 Stellplätze
direkt am Wasser – per Online-Reservierung
(5 € Anzahlung). Sonstige Reservierung nur per
E-Mail. Geöffnet: Mitte April-Mitte Oktober.

Preis: Ab 12 € inkl. aller Personen, Wasser, Entsor-
gung. Strom 1 €/kWh, Dusche 1,50 €/5 min,
Müll-Entsorgung 0,50 €, WLAN 1,50 €/3 Tage,
Hund 1 €. Platz am Wasser 15 €.

Distanz: 🛒 0,2 km, 🛏 0,3 km, 🚊 0,5 km.
Gastro: Brötchenservice, Gasthof am Kreutzdamm
in 0,5 km.
Freizeit: Schifffahrten, Badeplatz, Bootsverleih.
Kontakt: Funboot-Havelsee, Heiko Schulz,
☎ 0162/4214175, funboot-havelsee@
pritzerbe.de, www.havel-oase.de
Weitere Stellplätze (siehe auch www.bordatlas.de):
WWR Brielow/Marina Beetzsee, Seestraße 2,
14778 Beetzsee-Brielow, Tel.: 033837/40205,
www.ferien-am-beetzsee.de

■ IM HERZEN EUROPAS

Informationszentrum des
Naturparks Saar-Hunsrück
Trierer Straße 51
54411 Hermeskeil
Tel.: 06503/92140
www.naturpark.org

Fläche in km²: 2.055
Gegründet: 1980
Geografische Lage: In Rheinland-Pfalz und Saarland, zwischen Mosel und Rhein im Dreiländereck D/F/LUX
Das gibt's: Ausgedehnte Wälder, artenreiche Wiesen, Hecken in freier Flur, Flüsse und Bäche, Moore und Felsformationen, Lebensraum für viele Pflanzen und Tiere
Erlebnis: Wandern, Radeln, Aussichtspunkte und -türme, Reiten, Wassersport, Segelfliegen, Angeln, Wintersport

UN-DEKADE-PROJEKT „STREUOBSTWIESEN-RUCKSACK"

Wohnmobilstellplatz Am Labachweg

Labachweg
54411 Hermeskeil
Tel.: 06503/809500
www.hermeskeil.de

*Auf dem Parkplatz neben dem Frei- und Hallenbad
am Hochwald*

GPS: 49°39'13.15"N/6°56'27.54"E

Platz:	P 🚐 = 6 auf Asphalt, Pflaster. 🐕 ➡ 🚽 CHEM GRAU. Leinenpflicht für Hunde. Überwiegend eben, teilweise schattig. Ganzjährig geöffnet. Ausnahme: Stadtfest im Juli.
Preis:	7 €. Strom 0,50 €/kWh, Wasser 1 €/l, Entsorgung 1 €.
Distanz:	🏠 0,2 km, 🚉 0,3 km, 🛒 0,5 km.
Freizeit:	🏊 0,2 km, 🏞 0,2 km. Saar-Hunsrück-Steig, Feuerwehr-Erlebnis-Museum 0,5 km, Radwege ab 0,6 km, Flugausstellung P. Junior 4,5 km.
POI:	Naturpark Saar-Hunsrück, Mammutbäume am Tivoli, Nationalpark Hunsrück-Hochwald, Hochwaldmuseum 0,5 km.
Kontakt:	Tourist-Information Hermeskeil, ☎ 06503/809500, Fax: 06503/809502, info@hermeskeil.de, www.hermeskeil.de

Weitere Stellplätze (siehe auch www.bordatlas.de):
Wohnmobil-Oase Schwarzrinder Seen, Schwarzrinder
See 1A, 66709 Weiskirchen, Tel.: 06874/6516,
www.dasweindorf.de

■ BALLUNGSRAUM TRIFFT LANDSCHAFTSSCHUTZ

Informationszentrum im Schreibturm
von Kloster & Schloss Bebenhausen
Im Schloss
72074 Tübingen-Bebenhausen
Tel.: 07071/6026262
www.naturpark-schoenbuch.de

Fläche in km²: 156
Gegründet: 1972
Geografische Lage: In Baden-Würt-temberg, zwischen Tübingen, Böblin-gen, Sindelfingen und Herrenberg
Das gibt's: Großes zusammenhän-gendes Waldgebiet, Lebensraum vieler anderswo selten gewordener Pflanzen und Tiere
Erlebnis: Wandern, Radeln, Moun-tainbike, Grill- und Spielplätze, Schönbuchturm

SCHAUGEHEGE

Wohnmobilhafen Herrenberg

Längenholz 4
71083 Herrenberg
Tel.: 07032/924316
www.herrenberg.de
Angrenzend an den Naturpark Schönbuch

GPS: 48°35'16.74"N/8°52'23.65"E

Platz: 🅿 🚐 = 10 auf Schotterrasen. ➡ GRAU 🔥 🐴. Infotafel mit Ausflugstipps. Aufenthalt max. 5 Nächte. Ganzjährig geöffnet.
Preis: 5 €.
Distanz: Ⓗ 0,2 km, 🚆 1 km, 🛒 1,1 km, 🛒 1,2 km.
Gastro: In fußläufiger Entfernung.
Freizeit: 🏠 0,1 km. Fischpfad, Freizeitpark, Streuobst-erlebniswege, Naturfreibad 0,1 km.
POI: Kloster Bebenhausen, Jerg Ratgeb Skulpturen-pfad, denkmalgeschützte Altstadt mit histori-schem Rundgang/Fachwerkpfad, Stiftskirche

mit Glockenmuseum 1,3 km, Schönbuchturm 4 km, Tübingen (Stadtbesichtigung) 20 km.
Anfahrt: A81 Stuttgart/Rottweil, Ausfahrt 28 Herren-berg, Wohnmobilhafen ist ausgeschildert.
Kontakt: Stadt Herrenberg, Gisela Grandinetti, ☎ 07032/924316, g.grandinetti@herrenberg.de, www.herrenberg.de
Weitere Stellplätze (siehe auch www.bordatlas.de):
Reisemobilstellplatz am Aktivspielplatz, Glashütter Täle 42, 71111 Waldenbuch, Tel.: 07157/12930, www.waldenbuch.de

■ HÜGEL, WÄLDER, KOSTBARES KULTURGUT

Naturpark Hümmling
Herzog-Arenberg-Straße 12
49716 Meppen
Tel.: 05931/9250988
www.huemmling.de

Fläche in km²: 577
Gegründet: 2015
Geografische Lage: Im Nordwesten Niedersachsens, im Emsland, östlich der Ems und nördlich der Hase
Das gibt's: Sanfte Hügel, weite Wälder, eingebettet im Emsland in die norddeutsche Tiefebene, kleine Wasserläufe und Zeugnissen der Megalithkultur aus Jungsteinzeit und der Bronzezeit
Erlebnis: Wandern, Radeln, Pilgern, Exkursionen zu Hünengräbern

SCHLOSS CLEMENSWERTH

Wohnmobilplatz Herzlake

Im Mersch
49770 Herzlake
Tel.: 05962/8823
www.herzlake.de

Am Bootssteg der Hase, nahe Sportzentrum Hasetal

GPS: 52°40'53.50"N/7°36'17.00"E

Platz: P 🚐 = 20 auf Schotterrasen, Pflaster. 🐕 🚜 WC CHEM GRAU ⚓ 🎣. Aufenthalt max. 3 Nächte, Ausweichmöglichkeit bei starker Belegung auf den gepflasterten Parkplatz des Hasetalstadions in direkter Nähe. Geöffnet: 15.3.-15.11.

Preis: Übernachtung gratis inkl. Wasser, Entsorgung.

Distanz: 🛒 0,2 km, 🏖 0,2 km, Ⓗ 0,3 km, 🚆 0,3 km.

Freizeit: ≈ 10 km, 🏞 10 km, 🚲 0,5 km. Kanu fahren auf der Hase, Tennisplatz 0,1 km, Reithalle und -platz 0,3 km, Museumseisenbahn Haltestelle Herzlake 0,8 km, Naturschutzgebiet Hahnen-moor 5 km, Moorführungen 5 km.

POI: St. Nikolaus-Kirche 0,3 km, Erdholländer-Kappenwindmühle Aselage 2 km, Torfwerk mit Café 3 km, Waldbühne Ahmsen 14 km.

Anfahrt: A31 Ausfahrt Meppen, B402/E33 über Meppen, Haselünne nach Herzlake.

Kontakt: Gemeinde Herzlake, ☎ 05962/8823, samtgemeinde@herzlake.de, www.herzlake.de

Weitere Stellplätze: www.emsland.com

◼ VON DER STEINBRUCHINDUSTRIE GEPRÄGT

natour.NAH.zentrum Schillat-Höhle
Riesenbergstraße 2a
31810 Hessisch Oldendorf-
Langenfeld
Tel.: 05751/403980
**www.naturpark-weserbergland.
de, www.schillathoehle.de**

Fläche in km²: 1.160
Gegründet: 1975
Geografische Lage: Im südlichen
Niedersachsen, 50 Kilometer von
Hannover und 65 von Bielefeld
Das gibt's: Geprägt von der Weser
und den bewaldeten Hügeln der
Wesergebirge, Ith, Hils, Süntel, Bücke-
berg und Deister, Schillathöhle
Erlebnis: Wandern, Radeln, Moun-
tainbike, Rund- und Qualitäts-Wan-
derwege, Lehr- und Erlebnispfade,
Schillathöhle entdecken

NATURPARK FÜR KINDER

Wohnmobilstellplatz Großenwieden

Am Steinbrink/Weserfähre
31840 Hessisch Oldendorf-Großenwieden
Tel.: 05152/782117
www.hessisch-oldendorf.de
An der Weser-Fähre

GPS: 52°10'15.19"N/9°11'31.77"E

Platz:	ⓟ 🚐/🚗🚐 = 4 auf Schotter. 🐎 🐕. Aufenthalt max. 5 Tage. Ganzjährig geöffnet.
Preis:	Übernachtung gratis.
Distanz:	🚏 0,2 km, ⛱ 0,3 km, Ⓗ 0,3 km, 🛒 4 km.
Gastro:	Gaststätte "Beißner".
Freizeit:	≋ 4 km. Weser-Radweg.
POI:	St.-Matthaei-Kirche 0,2 km, Weser-Fähre 0,2 km, Alter Stift Fischbeck 4 km.
Anfahrt:	A2 Ausfahrt Bad Eilsen oder Rehren-Hessisch Oldendorf-Großenwieden B83.

Kontakt: Stadt Hessisch Oldendorf, ☎ 05152/782117,
system@stadt-hessisch-oldendorf.de,
www.hessisch-oldendorf.de
Weitere Stellplätze (siehe auch www.bordatlas.de):
Reisemobilplatz am Weseranger, Am Weseranger 1,
31737 Rinteln, Tel.: 05751/403980, www.westliches-
weserbergland.de

Campingplatz Grohnder Fährhaus, Grohnder Fähre 1,
31860 Emmerthal-Grohnde, Tel.: 05155/347983,
www.grohnder-faehrhaus.de

■ KLEINSTER NATURPARK BAYERNS

Haßberge Tourismus
im Naturpark Haßberge
Marktplatz 1
97461 Hofheim/Unterfranken
Tel.: 09523/5033710
www.naturpark-hassberge.de,
www.hassberge-tourismus.de

Fläche in km²: 860
Gegründet: 1974
Geografische Lage: Zwischen
Schweinfurt und Bamberg
Das gibt's: Sanfte Mittelgebirgszüge,
Wald, Felder, Hecken und Wiesen,
Weinberge und Seen
Erlebnis: Wandern, Radeln, Baum-
lehrpfad, Burgen- und Schlösser-
wanderweg, viele Erlebnistouren

EXTRA AUSGEWIESENE GRAVELTOUREN FÜRS RAD

Stellplatz am Freibad

Johannisstraße 28
97461 Hofheim/Unterfranken
Tel.: 0160/1283151
www.hassberge-tourismus.de

Ebene Stellflächen am Hallen- und Freibad,
nahe dem historischen Stadtkern

GPS: 50°8'31,00"N/10°31'4.00"E

Platz:	🅿 🚐 = 30 auf Schotter. ♿ 🐕 ➡ = 29 ⚓ CHEM GRAU 📶 ≈ 🏠. Waschmaschine u. Trockner. Ⓡ wird empfohlen. Von März-November mit Service, von Dezember-Februar keine VE und WC. Ganzjährig geöffnet.
Preis:	10 € inkl. aller Personen, Entsorgung, Dusche, Müll-Entsorgung, WC. Strom 0,50 €/kWh, Wasser 1,25 €/100 l.
Distanz:	Ⓗ 0,5 km, 🏖 0,5 km, 🛒 0,7 km, 🍴 0,8 km.
Gastro:	Eisdiele, Cafés und Restaurants in der Umgebung, Brötchenservice am Stellplatz.

Freizeit:	Kulturveranstaltungen im Schüttbau.
POI:	Erlebniswanderweg Burgen & Schlösser, Naturpark Haßberge, Rotkreuz-Museum, Landschaftspark Bettenburg, hist. Stadtkern 0,5 km
Anfahrt:	Über die A3 Nürnberg–Würzburg, A7 Kassel–Würzburg, A70 Schweinfurt–Bamberg.
Kontakt:	Tourist-Information Haßberge, ☎ 0160/1283151, Mobil: 09523/5033710, info@hassberge-tourismus.de, www.hassberge-tourismus.de

Mehr Stellplätze: www.hassberge-tourismus.de

■ IM LAND DER TAUSEND TEICHE

Haus der Tausend Teiche
Warthaer Dorfstraße 29
02694 Malschwitz-Wartha
Tel.: 035932/36560
www.biosphärenreservat-oberlausitz.de,
www.haus-der-tausend-teiche.de

Fläche in km²: 301
Gegründet: 1996
Geografische Lage: Im Osten von Sachsen, 60 Kilometer nordöstlich von Dresden
Das gibt's: Wechsel von breiten Auen und Niederungen der Flüsse mit Dünen und Moränengebieten, Teiche in einst vermoorten Senken
Erlebnis: Wandern, Radeln, Umweltbildung, Vögel beobachten, Angeln

DEUTSCH-SORBISCHE NATURMÄRKTE

Freizeit- und Campingpark Thräna

Zum Wildgehege 1
02906 Hohendubrau
Tel.: 035876/41238
www.wohmobilhafen-lausitz.de

Campingpark in Waldrandlage

GPS: 51°14'5.24"N/14°41'58.68"E

Platz: P 🚐/🚗🚐 = 40 auf Schotterrasen, Wiese. 🐕 🚽 = 10 (10 A) 🚿 WC CHEM GRAU 📶 🔥 🎣 🐎 ≈ ⛺ ℹ Leinenpflicht für Hunde. Geöffnet: Mai-September, Oktober-April auf Anfrage.
Preis: 22 € inkl. Dusche, WC, Müll-Entsorgung, WLAN, Kurtaxe. Kind (3-14 J.) 5 €., ab 15 J. 7 €. Strom 3 €/5 kWh und 0,70 €/kWh, Wasser 2 €, Hund 2,50 €, Waschmaschine/Trockner je 2,50 €. Inkl. Eintritt in die Freizeitoase am Wildgehege. VE für Durchreisende 3 €.
Distanz: 🛏 0,5 km, Ⓗ 1 km, 🚏 2 km, 🛒 6 km.

Gastro: Freiluftgastronomie am Platz, Brötchenservice.
Freizeit: Gaudi-Golf, Schwimmteich, Wander-/Radwandergebiet Hohe Dubrau (2,5 km), Königshainer Berge, Aussichtsturm Monumentberg 2,5 km.
POI: Holzhaussiedlung Niesky 11 km.
Anfahrt: A4 Ausfahrt Weißenberg → Gebelzig, 1 km nach Gebelzig → Diehsa. In Groß-Radisch → Jerchwitz, danach Ausschilderung beachten.
Kontakt: Joachim Mitschke, ☎ 035876/41238, info@freizeitcamp-thraena.de, www.wohmobilhafen-lausitz.de

■ IM HERZEN DES WESERBERGLANDES

Wildpark Neuhaus
Wildpark 1
37603 Holzminden-Neuhaus
Tel.: 05536/9609980
www.naturpark-solling-vogler.de,
www.wildparkhaus.de

Fläche in km²: 555
Gegründet: 1963
Geografische Lage: Im Süden Niedersachsens, östlich des Wesertals
Das gibt's: Ausgedehnte Wälder, sanfte Wiesentäler, Bäche und Moore, schmale Bergrücken, steile Hänge und tief eingeschnittene Täler mit Streuobstwiesen und von Hecken durchzogenen Trockenrasen
Erlebnis: Wandern, Pilgern, Radeln, Mountainbike, naturkundliche Wanderungen

HOCHSEILGARTEN TREEROCK MIT 58 STATIONEN

Haus des Gastes

Lindenstraße 8
37603 Holzminden-Neuhaus
Tel.: 05536/1011
www.hochsolling.de
Öffentlicher Parkplatz in Zentrumsnähe

GPS: 51°45'6.57"N/9°31'25.90"E

Platz: 🚐 = 3 auf Pflaster. ♿. Aufenthalt max. 3 Nächte. Ganzjährig geöffnet.
Preis: Übernachtung gratis.
Distanz: 🛏 1 km, 🛒 1 km, ⓗ 1 km, 🚏 1 km.
Gastro: Hotel Restaurant Christina.
Freizeit: ≈ 12 km, ⌂ 12 km, 🚲 12 km. MTB-Verleih, Minigolfanlage, Wildpark mit Wildparkhaus 1 km, Hochseilgarten 4 km.
POI: Hochsolling-Turm 3 km, Hochmoor 5 km.
Kontakt: ☎ 05536/1011, info@hochsolling.de, www.hochsolling.de

Weitere Stellplätze (siehe auch www.bordatlas.de):
Mobilcamping, Stahler Ufer 16, 37603 Holzminden, Tel.: 05531/990965, www.mobilcamping.de

Ferien-Freizeit am Lindenhof, Lindenhof 1, 37170 Uslar, Tel.: 05571/6359

Mehr Stellplätze: www.solling-vogler-region.de

■ ZWISCHEN STADT, LAND UND FLUSS

Tourist-Info Idstein, Killingerhaus
König-Adolf-Platz
65510 Idstein
Tel.: 06126/78620
www.naturpark-rhein-taunus.de,
www.idstein.de

Fläche in km²: 810
Gegründet: 1968
Geografische Lage: In Hessen,
nahe Rhein-Main-Ballungsraum
Das gibt's: Hinterlandswald, vielfältige Pflanzen, Luchs, Wildkatze,
Äskulapnatter und Bechsteinfleder-
maus, dazu Klöster im Rheingau und
die zwei UNESCO-Kulturerbestätten
Obergermanisch-Raetischer Limes
und Oberes Mittelrheintal
Erlebnis: Wandern, Radeln, Mountainbike, Pilgern, Heilklima-Wande-
rungen

PICKNICKWIESEN

Wohnmobilhafen Himmelsbornweg

Himmelsbornweg
65510 Idstein
Tel.: 06126/78620
www.idstein.de

In ruhiger Lage am Rande eines Erholungsgebietes

GPS: 50°13'3.00"N/8°16'45.00"E

Platz: 🚐 = 12 auf Pflaster. 🐕 🔌 = 12 ⚓ CHEM GRAU
🚲. Nachts beleuchtet. Für Wohnmobile bis
7,5 t. Von November-März kein Wasser. Ganz-
jährig geöffnet.
Preis: 10 € inkl. aller Personen, Entsorgung. Strom
1 €/8 h, Wasser 1 €/80 l.
Distanz: 🚏 0,1 km, Ⓗ 0,4 km, 🛒 0,5 km, 🛒 1,5 km.
Gastro: Restaurant Two for You.
Freizeit: ≋ 2 km, 🏞 2 km. Stadtführung, Naturpark
Rhein-Taunus, E-Bike-Verleih im Hotel Felsen-
keller, Golfplatz 0,2 km, Tennisplatz 4 km.

POI: Unionskirche 0,8 km, Hexenturm 1 km, Schloss
1 km, Römerturm 3 km.
Anfahrt: A3 Ausfahrt Idstein, B275, im Kreisverkehr 2.
Ausfahrt, weiter bis zum 5. Kreisverkehr, dort 3.
Ausfahrt, nach 1,5 km rechts in die Schützen-
hausstraße, nach 350 m rechts.
Kontakt: Tourist-Info Idstein, ☎ 06126/78620,
tourist-info@idstein.de, www.idstein.de
Weitere Stellplätze (siehe auch www.bordatlas.de):
Stellplatz im Kurpark, Reitallee 21, 65307 Bad Schwal-
bach, Tel.: 06124/500200, www.bad-schwalbach.de

■ NÖRDLICHSTER NATURPARK DEUTSCHLANDS

Touristinformation Kappeln
Schleswiger Straße 1
24376 Kappeln
Tel.: 04642/4027
www.naturparkschlei.de,
www.ostseefjordschlei.de

Fläche in km²: 500
Gegründet: 2008
Geografische Lage: Im Norden Schleswig-Holsteins, rund um die Schlei
Das gibt's: Süß-, Brack- und Salzwasserlebensräume, verzahnt mit der umgebenden Kulturlandschaft, Hotspot der Artenvielfalt
Erlebnis: Wandern, Radeln, Natur erkunden

MODELLREGION SCHLEI

Stellplatz Ancker Yachting

Am Hafen 23 A
24376 Kappeln
Tel.: 04642/1563
www.ancker-yachting.de

Direkt an der Schlei, hinter dem städtischen Grillplatz und dem Bootslager der Ancker Yachting

GPS: 54°39'56.20"N/9°56'14.94"E

Platz: P ⊞/⚙⊞ = 50 auf Sand/Splitt, Schotter. 🐕 ⚡= 42 (16 A) ⚓ WC CHEM GRAU 📶 ⛵ ⚓. WC gegenüber der Einfahrt (200 m), VE-Station hinter der Halle 1 (200 m). Ganzjährig geöffnet.

Preis: 14 € inkl. Wasser, Entsorgung, WC, Müll-Entsorgung, WLAN. Strom 0,50 €/kWh. Gespanne 18 €. Bezahlung am Automaten.

Distanz: 🛒 0,2 km, 🥾 0,4 km, 🚉 0,4 km, Ⓗ 1 km.

Freizeit: 🚲 0,2 km. Segeln, Surfen, Baden.

POI: Mühle Amanda mit historischem Sägewerk, St.-Nikolai-Kirche, Heringszaun, Museumshafen,

Angelner Dampfeisenbahn.

Anfahrt: Über Ancker Yachting im Yachtzentrum Kappeln/Nordhafen.

Kontakt: Thedje Ancker, ☎ 04642/1563, info@ancker-yachting.de, www.ancker-yachting.de

Weitere Stellplätze (siehe auch www.bordatlas.de):
Schlei-Marina-Lindauhof, Lindauhof 5, 24392 Boren-Lindau, Tel.: 04641/3141, www.schlei-marina-lindauhof.de

Mehr Stellplätze: www.ostseefjordschlei.de

■ EINE SPUR WILDER

Nationalparkzentrum Ruhestein
Schwarzwaldhochstraße 2
77889 Seebach
Tel.: 07449/929980
**www.nationalpark-
schwarzwald.de**

Fläche in km²: 100
Gegründet: 2014
Geografische Lage: In Baden-
Württemberg
Das gibt's: Ausstellung zum wilder
werdenden Wald, Kino, weite Wälder,
Flüsse, Bäche, Mittelgebirge
Erlebnis: Wandern, Radeln, Ranger-
Touren, Wildnis erleben

WALDBLICK-SKYWALK

Wohnmobilstellplatz am Heidenhof

Heidenhof 4
77876 Kappelrodeck
Tel.: 07842/80210
www.kappelrodeck.de
Reisemobilplatz beim Freibad

GPS: 48°34'42.80"N/8°7'49.40"E

Platz: P 🚐 = 17 auf Schotter. 🐾 ⇥ = 17 (16 A) 🚿 CHEM GRAU 📶. Ganzjährig geöffnet.

Preis: 8 € inkl. aller Personen, Entsorgung, Müll-Entsorgung, WLAN. Strom 1 €/2 kWh, Wasser 1 €/100 l. 1 Tag 8 €, 3 Tage 21 €, 7 Tage 42 €. Kurtaxe inkl. KONUS-Gästekarte zur kostenfreien Nutzung von Bus/Bahn im Schwarzwald, erhältlich in der Tourist-Info im Rathaus oder im Café Zuckerbergschloss. Bezahlung am Automaten in Münzen oder per EC-Karte.

Distanz: ⇥ 0,2 km, Ⓗ 0,5 km, 🛏 0,8 km, 🛒 1 km.

Freizeit: ≈ 0,1 km. Geführte Wanderungen, Wein-/Schnapsproben, Tagesausflüge nach Straßburg/Elsass, Baden-Baden, Wasserfälle 9 km.

POI: St.-Nikolaus-Kirche 0,8 km, Nationalparkzentrum Seebach 13,6 km.

Anfahrt: A5 Ausfahrt Achern, L87 → Schwarzwaldhochstraße, im Ort beschildert.

Kontakt: Gemeinde Kappelrodeck, ☎ 07842/80210, tourist-info@kappelrodeck.de, www.kappelrodeck.de

Weitere Stellplätze: www.schwarzwald-tourismus.info

■ GRÖSSTER TERRESTRISCHER NLP DEUTSCHLANDS

Nationalparkinformation Federow
Damerower Straße 6
17192 Kargow-Federow
Tel.: 03991/668849
www.mueritz-nationalpark.de

Fläche in km²: 322
Gegründet: 1990
Geografische Lage: Mecklenbur-
gische Seenplatte und Feldberger
Seenlandschaft
Das gibt's: Ausstellung zum Lebens-
raum und der Artenvielfalt
Erlebnis: Wandern, Radeln, Kanu
fahren, Führungen mit dem Ranger

ERLEBNISPFAD ZUM THEMA WOLF

Informationshaus am Müritz-Nationalpark

Damerower Straße 6
17192 Kargow-Federow
Tel.: 03991/668849
www.nationalpark-service.de

*Am Informationshaus und Eingang
zum Müritz-Nationalpark*

GPS: 53°29'1.27"N/12°45'33.62"E

Platz: 🅿 🚐 = 16, 🚗🚐 = 3 auf Pflaster. ♿ 🐕
🚐 = 16 🆆🅲 🛁 🚲. Ganzjährig geöffnet.
Preis: 15 € inkl. Müll-Entsorgung. Strom 1 €/kWh, WC
0,50 €. Bezahlung am Automaten.
Distanz: 🚏 0 km, 🏖 0,4 km, 🛒 4 km.
Gastro: Warme Küche ab 11:00 Uhr, Bauernhof-
restaurant "Die bunte Kuh".
Freizeit: ≈ 3 km. Wanderung mit Nationalpark-Ran-
gern, Beobachtung von Fischadlern.
POI: Müritz-Nationalpark, Stadt Waren 4 km.
Anfahrt: Südöstlich von Waren über die Ortsverbin-

dungsstraße Waren-Federow.
Kontakt: Nationalpark-Service, Axel Schultz,
☎ 03991/668849, info@nationalpark-service.
de, www.nationalpark-service.de

Weitere Stellplätze (siehe auch www.bordatlas.de):
Caravanstellplatz Ziegenwiese, Schwarzenhof 7, 17192
Kargow-Schwarzenhof, Tel.: 03991/633842.

Mehr Stellplätze: www.mueritz-nationalpark-partner.de

■ NATUR UND MENSCH

Naturpark Aukrug
Bargfelder Straße 10
24613 Aukrug
Tel.: 04873/8714661
www.naturpark-aukrug.de

Fläche in km²: 380
Gegründet/erweitert: 2013/2014
Geografische Lage: Mitten in
Schleswig-Holstein, Kreise Rends-
burg-Eckernförde und Steinburg
Das gibt's: Hügel, weite Täler,
Quellen und Flüsse
Erlebnis: Wandern, Radeln, Angeln,
Baden, Kanu, Reiten

KATTBEKER BINNENDÜNEN

Wohnmobilplatz Am Freibad

Jakob-Fleischer-Straße
25548 Kellinghusen
Tel.: 04822/376230
www.kellinghusen.de

Von Hecken umgeben, in ruhiger Ortsrandlage am Freibad

GPS: 53°56'49.56"N/9°42'33.36"E

Platz: ⊞/⊟ = 5 auf Schotter. ♿ 🐕 ➡ ⚓ WC CHEM ✕ ♨ ≈. Ganzjährig geöffnet. WC im Freibad zu den Öffnungszeiten (Mai-September) gegen Gebühr.

Preis: Übernachtung gratis. Strom 1 €, Wasser 1 €, WC 2,80 €. VE gegen Gebühr.

Distanz: Ⓗ 0,3 km, 🛒 0,3 km, 🏠 0,5 km.

Gastro: Restaurants in Kellinghusen.

Freizeit: 🚲 0,2 km. Wasserwandern auf Stör und Bramau, Stadtrundgang, Angeln, Reiten und Kutschfahrten, Kanuverleih 0,1 km.

POI: Kirche 0,5 km, Fayence-Keramik-Museum 0,5 km, Rathaus 0,5 km, Luisenberger Turm 1 km, Fayence-Keramik-Werkstätten 1 km.

Anfahrt: In der Stadt beschildert.

Kontakt: Stadtmarketing, ☎ 04822/376230, info@ kellinghusen.de, www.kellinghusen.de

Weitere Stellplätze (siehe auch www.bordatlas.de):
Gasthof Ritzebüttel, Rendsburger Straße 11, 24589 Nortorf, Tel.: 04392/84800, www.gasthof-ritzebuettel.de

Mehr Stellplätze: www.mittelholstein.de

■ URWALD VON MORGEN

Nationalpark-Tor Wildenburg
Wildenburger Straße 22
55758 Kempfeld
Tel.: 06782/87800
www.nationalparkregion-hunsrueck-hochwald.de

Fläche in km²: 102,3
Gegründet: 2015
Geografische Lage: Im Hunsrück,
Rheinland-Pfalz und Saarland
Das gibt's: Nationalpark-Tor noch
im Bau, mittelalterliche Wildenburg,
Wildfreigehege, Geschichts- und
Walderlebnispfad, Nationalpark-Tor
Erbeskopf/Hunsrückhaus: Ausstellung und Veranstaltungen, Nationalpark-Tor Keltenpark in Otzenhausen:
keltisches Dorf, Ringwall
Erlebnis: Wandern, Erlebnistouren,
Radeln, Erlebnistouren Rosselhalden

SAAR-HUNSRÜCK-STEIG

Wildenburg Kempfeld

Wildenburger Straße 22
55758 Kempfeld
Tel.: 06786/7212
www.wildfreigehege-wildenburg.de

Am Wildfreigehege Wildenburg im Nationalpark Hunsrück-Hochwald und Naturpark Saar-Hunsrück

GPS: 49°46'32.00"N/7°15'16.00"E

Platz: 🅿 🚐/🚗 = 3 auf Pflaster. ♿ 🐕 ⚓ ⚑
🐎. Ganzjährig geöffnet.
Preis: Übernachtung gratis. Spende erwünscht.
Distanz: 🍴 0,1 km, weitere Restaurants in 0,3 km,
🛒 2 km, Ⓗ 2 km.
Gastro: Imbiss am Wildfreigehege.
Freizeit: ≈ 15 km, 15 km. Geschichts- und Walderlebnispfad, Wandern auf dem Saar-Hunsrück-Steig, Wildfreigehege Wildenburg im Nationalpark Hunsrück-Hochwald (Wildkatzen/Wölfe).
POI: Aussichtsturm am Saar-Hunsrück-Steig und der

Deutschen Edelsteinstraße, Edelsteingarten
Kempfeld 2 km.
Anfahrt: B422, bei Katzenloch → Kempfeld abzweigen,
dort der Beschilderung Wildenburg folgen.
Kontakt: Tourist Information Herrstein, ☎ 06786/7212,
info@wildfreigehege-wildenburg.de,
www.wildfreigehege-wildenburg.de
Weitere Stellplätze (siehe auch www.bordatlas.de):
Wohnmobilstellplatz Hunsrück, Harfenmühle 2, 55758
Mörschied, Tel.: 06786/1304, www.stellplatz-hunsrueck.de
Mehr Stellplätze: www.hunsruecktouristik.de

■ DAS DACH FRANKENS

Infostelle und Granitlabyrinth
Kirchenlamitz
Buchhaus 3
95158 Kirchenlamitz
Tel.: 09285/9590
**www.naturpark-fichtelgebirge.
org, www.kirchenlamitz.de**

Fläche in km²: 1.011
Gegründet: 1971
Geografische Lage: Im Dreiländereck Sachsen, Tschechien und Bayern,
im Nordosten Bayerns
Das gibt's: Die höchsten zwölf Gipfel
Nordbayerns bilden das Fichtelgebirge, Wald, Flüsse, Wiesen und Felder,
zwei Klimazonen
Erlebnis: Wandern, Radeln, Mountainbike, Wintersport, Umweltbildung

NATURPARK-KITA UND -SCHULE

Stellplatz Kirchenlamitz

Weißenstädter Straße 79
95158 Kirchenlamitz
Tel.: 09285/95915
www.kirchenlamitz.de
Auf dem Gelände des Nahkauf-Marktes

GPS: 50°8'55.40"N/11°56'29.19"E

Platz: ⓟ 🚐/🚗🚐 = 12 auf Asphalt. 🐕 🛏= 5 ⚓ CHEM GRAU. Einkaufsmöglichkeit Mo-Fr 8:00-19:00 Uhr, Sa 8:00-18:00 Uhr. Ganzjährig geöffnet.

Preis: Übernachtung gratis inkl. Strom, Wasser, Ent-sorgung. Spende erwünscht, kostenfreie Ent-sorgung am Wertstoffhof.

Distanz: 🛒, Ⓗ 0,1 km, 🚏 0,5 km, weitere Restau-rants in 1,3 km, 🏖 0,8 km.

Freizeit: ≈ 1 km. Sechsämterradweg, Mountainbike-Tourengebiet 0,3 km, Nordic-Walking-Park 0,8 km, Waldschwimmbad 8 km.

POI: Granitlabyrinth Epprechtstein 1,3 km, Burgru-ine Epprechtstein 2,5 km, Förmitzspeichersee 7 km, Großer Kornberg 7 km.

Anfahrt: A93 bis Thierstein, Marktleuthen nach Kirchen-lamitz oder A9 bis Münchberg über Weißdorf (B289) nach Kirchenlamitz, dort bis zum Nah-kauf-Markt am Ortsausgang → Weißenstadt.

Kontakt: ☎ 09285/95915, tourist@kirchenlamitz.de, www.kirchenlamitz.de

Weitere Stellplätze: www.fichtelgebirge.bayern

■ KULTUR, NATUR UND ZEITGESCHICHTE

GeoPark/Naturpark-
Informationszentrum
An der Stadtkirche 1
38154 Königslutter am Elm
Tel.: 05353/913740
www.elm-lappwald.de

Fläche in km²: 470
Gegründet: 1977
Geografische Lage: Im Südosten
Niedersachsens, zwischen Braun-
schweig und Magdeburg
Das gibt's: Welliges Hügelland im
einstigen deutsch-deutschen Grenz-
gebiet mit den größten Buchenhoch-
wäldern Norddeutschlands, Mega-
lith- und Hügelgräber aus der Jung-
sowie Funde aus der Altsteinzeit
Erlebnis: Wandern, Radeln, Wan-
derstempeln, Grenzlehrpfad, Grünes
Band

PEDELEC MIETEN

Niedernhof P1

Niedernhof/Amtsgarten
38154 Königslutter am Elm
Tel.: 05353/912129
www.koenigslutter.de
Auf einem öffentlichen Parkplatz in Zentrumsnähe

GPS: 52°14'59.55"N/10°49'13.46"E

Platz:	P 🚐 = 5 auf Asphalt. ♿ 🐕 ➡ ⚓ GRAU. Anfahrt 24 h. Ganzjährig geöffnet.
Preis:	Übernachtung gratis. Strom 1 €/8 h, Wasser 1 €/5 min, Entsorgung 1 €.
Distanz:	🛒 0,1 km, 🚊 0,1 km, Ⓗ 0,2 km, 🏖 0,2 km.
Gastro:	Mehrere Restaurants im Ort.
Freizeit:	≈ 1,4 km, 🏞 1,4 km.
POI:	Dom-/Steinmetzmuseum, Altstadt, Geopark-Infozentrum mit Ausstellung 0,5 km, Kaiserdom 2 km, Findlingsgarten 3,5 km, Elebnissteinbruch Hainholz 4 km.

Anfahrt: A2 Ausfahrt 59 Königslutter, L290 → Königslut-
ter am Elm folgen, 7 km bis zur Stadtmitte. A39
Ausfahrt 9 Cremlingen, B1 → Königslutter am
Elm folgen, 12 km bis zur Stadtmitte.
Kontakt: Stadt Königslutter am Elm – Touristinformation,
☎ 05353/912129, touristinformation@
koenigslutter.de, www.koenigslutter.de
Weitere Stellplätze (siehe auch www.bordatlas.de):
Brunnentheater, Brunnental, 38350 Helmstedt-Bad
Helmstedt, Tel.: 05351/170, www.stadt-helmstedt.de
Mehr Stellplätze: www.elm-lappwald.de

■ GRÜNE KRONE BAYERNS

Naturparkinformationspunkt
Festung Rosenberg
Festung 1
96317 Kronach
Tel.: 09261/970
www.naturpark-frankenwald.de

Fläche in km²: 1.023
Gegründet: 1973
Geografische Lage: In Oberfranken
Das gibt's: Seit Jahrhunderten
gewachsene Kulturlandschaft mit
gerodeten Hochflächen, bewaldeten
Hängen und romantischen Wiesentälern
Erlebnis: Wandern, Radeln, Aussichtspunkte und -türme, Lehrpfade
und Infowege

RANGER-FÜHRUNGEN

Stellplatz Hammermühle

Am Sand
96317 Kronach
Tel.: 09261/97212
www.kronach.de
Öffentlicher Parkplatz bei den Sportanlagen am Stadtrand

GPS: 50°13'51.64"N/11°19'41.96"E

Platz: P 🚐 = 12 auf Asphalt. ♿ 🐕 ➡= 12 ⚓
CHEM GRAU . Anfahrt 24 h. Ganzjährig geöffnet.
Preis: 5 € inkl. Entsorgung, Müll-Entsorgung. Strom
0,50 €/ kWh, Wasser 2,50 €/100 l.
Distanz: 🛒 0,2 km, 🍴 0,4 km, Ⓗ 2 km, 🏠 5 km.
Freizeit: ≈ 2 km, 🏞 2 km. Rosenbergfestspiele auf der
Festung Rosenberg im Juni und August, Som-
merrodelbahn 1,5 km.
POI: Altstadt 1 km, Festung Rosenberg 1,5 km.
Anfahrt: In Kronach ist die Ausfahrt von der B173 zur
Hammermühle beschildert.

Kontakt: Stadt Kronach, ☎ 09261/97212,
poststelle@stadt-kronach.de, www.kronach.de

Weitere Stellplätze (siehe auch www.bordatlas.de):
Reisemobilstellplatz Döbraberg, Schützenstraße 30,
95131 Schwarzenbach am Wald, Tel.: 09289/5055,
www.schwarzenbach-wald.de

Wohnmobilstellplatz Frankenpark Mitwitz,
Am Riegel 20, 96268 Mitwitz, Tel.: 09266/9921189,
www.frankenpark-mitwitz.de
Mehr Stellplätze: www.frankenwald-tourismus.de

■ GRÜNES HERZ DER OBERPFALZ

Naturpark Hirschwald
Hauptstraße 4
92266 Ensdorf
Tel.: 09624/9021191
www.naturparkhirschwald.de

Fläche in km²: 278
Gegründet: 2006
Geografische Lage: Im Bayerischen Jura im oberpfälzischen Amberg-Sulzbacher Land
Das gibt's: mächtige Wälder, sanfte Hügel, duftende Wacholderheiden, kühle Jurabäche und steile Felsen, eher wasserarm
Erlebnis: Wandern, Radeln, Pilgern, Skilanglaufen, Golfen, Lehrpfade, Planetarium

FLEDERMAUSHAUS

Stellplatz Kümmersbruck

Am Butzenweg 35 (Sportzentrum)
92245 Kümmersbruck
Tel.: 09621/7080
www.kuemmersbruck.de
Auf einem großen Parkplatz am Sportzentrum

GPS: 49°25'12.00"N/11°53'45.00"E

Platz: 🅿 🚐 = 8 auf Pflaster. ♿ 🐕. Ganzjährig geöffnet.
Preis: Übernachtung gratis.
Distanz: 🍽 0 km, weitere Restaurants in 1,1 km, Ⓗ 0,4 km, 🛒 1 km, 🛒 1,5 km.
Gastro: Sportgaststätte, Montag Ruhetag.
Freizeit: ≋ 1,5 km, 🏊 1,5 km, 🚴 4 km. Wasserski, Vilstal-Radwanderweg, Kegelbahn, Minigolf, Tennis, Naturpark Hirschwald 11 km.
POI: Wasserschloss Moos 4 km, Bergbau- und Industriemuseum Theuern 5 km.

Anfahrt: A6 Ausfahrt Amberg-Süd → Amberg, im Ort der Beschilderung zum Sportzentrum folgen.
Kontakt: Gemeinde Kümmersbruck, ☎ 09621/7080, bauamt@kuemmersbruck.de, www.kuemmersbruck.de

Weitere Stellplätze (siehe auch www.bordatlas.de):
Sportplatz Hohenburg, Sportplatzweg 1, 92277 Hohenburg, Tel.: 09626/1262, www.hohenburg.de

Wohnmobilstellplatz Kastl, Utzenhofener Straße, 92280 Kastl/Oberpfalz, Tel.: 09625/92040, www.kastl.de

WO HEIMAT WURZELN HAT

Zweckverband Naturpark
Bergisches Land
Moltkestraße 26
51643 Gummersbach
Tel.: 02261/9163100
www.naturparkbergischesland.de

Fläche in km²: 2.027
Gegründet: 1973
Geografische Lage: In Nordrhein-
Westfalen zwischen Sauerland und
Westerwald, Köln-Siegburger Bucht
und den Städten Wuppertal, Rem-
scheid und Solingen
Das gibt's: Typisches Mittelgebirge
mit Höhen bis zu 500 Meter über NN,
17 Talsperren, Hämmer und Mühlen
aus der frühen Stahlerzeugung
Erlebnis: Wandern, Radeln,
Schwimmen, Angeln

18 BURGEN UND SCHLÖSSER

Wohnmobilpark Kürten

Broch 8
51515 Kürten-Broch
Tel.: 02268/90319
www.splash-kuerten.de
Hinter dem Sauna- und Badeland in ruhiger Waldrandlage

GPS: 51°3'23.00"N/7°17'31.00"E

Platz: 🅿️ 🚐/🚗 = 20 auf Schotter. 🐕 ➡️ = 20
🚻 CHEM GRAU ≈ 🏠. Leinenpflicht für Hunde. 🆁
nur bei Gruppen. Areal ist beleuchtet, für kleine
Clubtreffen geeignet, An-/Abreise und WC-
Nutzung nur zu den Öffnungszeiten des Bades,
Schlüssel für Schranke zuerst an der Badkasse
gegen Pfand abholen. Ganzjährig geöffnet.
Preis: 8 € inkl. Wasser, Entsorgung. Strom 2 €/24 h.
Distanz: 🅷 0,3 km, 🛒 1 km, 🛏️ 1,3 km.
Gastro: Im Bad, warme Küche 9:00-22:00 Uhr.
Freizeit: Besuch im Bade- und Saunaland, Golfplatz

Kürten 0,5 km, Dhünntalsperre 5 km, Märchen-
wald Altenberg 10 km.
POI: Altenberger Dom 10 km, Hansestadt Wipper-
fürth mit historischem Stadtkern 12 km.
Anfahrt: A4 Ausfahrt Moitzfeld, Untereschbach oder
Overath → Kürten, durch den Ort → Wipper-
fürth, am Splash-Bad abbiegen, beschildert.
Kontakt: Splash Sauna- u. Badeland, ☎ 02268/90319,
info@splash-kuerten.de,
www.splash-kuerten.de
Weitere Stellplätze: www.dasbergische.de

■ GEOGRAFISCHER MITTELPUNKT VON SH

Tourismusverein Nortorfer Land
und Naturpark Westensee
Niedernstraße 6 (im Rathaus)
24589 Nortorf
Tel.: 04392/89620
**www.nwoe.de, www.tourismus-
naturpark-westensee.de**

Fläche in km²: 250
Gegründet: 1970
Geografische Lage: Im Städtedrei-
eck Kiel, Rendsburg und Neumünster
Das gibt's: Durch Weichseleiszeit
entstandenes Grund- und Endmo-
ränengebiet mit vielen Seen, Wald
und dem Eidertal mit teils steilen
Uferzonen
Erlebnis: Wandern, Radeln, Führun-
gen, Kanu fahren, Angeln, Reiten,
Kutsche fahren, Baden

FERIENHÖFE UND ÖKOLOGISCHE LANDWIRTSCHAFT

Caravanpark am Brahmsee

Mühlenstraße 30a
24631 Langwedel
Tel.: 04329/1567
www.caravanpark-sh.de

An der Mühlenau, im Naturpark Westensee

GPS: 54°12'53.78"N/9°55'0.53"E

Platz: 🅿 ⛺/🚗 = 16 auf Schotter. 🐕 ➡ = 30
(6 A) 🔌 **WC** **CHEM** **GRAU** 📶 📱 ⚓ ✂. Boots-
anlegesteg. 🅱 unter info@caravanpark-sh.de.
Ganzjährig geöffnet.

Preis: 18 € inkl. Strom, Wasser, Entsorgung, Dusche,
WC, Müll-Entsorgung.

Distanz: 🍴 0,5 km, weitere Restaurants in 7 km,
🛒 0,7 km, Ⓗ 1 km, 🛒 7 km.

Freizeit: ≈ 7 km. Angeln, Bootfahren, Reiten, Brahmsee
0,2 km, Tierpark "Arche Warder" 0,5 km, Wild-
tierpark 1 km, Gestüt Pohlsee 3 km.

POI: Skulpturenpark Nortorf 7 km, Freilichtmuseum
Kiel-Molfsee 10 km, Nord-Ostsee-Kanal 15 km.

Anfahrt: A7 Ausfahrt Warder oder A215 Ausfahrt Blu-
mental, der Beschilderung Tierpark "Arche Warder" folgen.

Kontakt: ☎ 04329/1567, info@caravanpark-sh.de,
www.caravanpark-sh.de

Weitere Stellplätze (siehe auch www.bordatlas.de):
Wohnmobilstellplatz Bordesholm, Kieler Straße 80,
24582 Bordesholm, Tel.: 0700/24582001,
www.bordesholmer-land.de

■ URSTROMTAL

Tourist-Information Lauenburg/Elbe
Elbstraße 59
21481 Lauenburg/Elbe
Tel.: 04153/5909220
www.flusslandschaft-elbe.de,
www.lauenburg-tourismus.de

Fläche in km²: 6
Gegründet: 1997
Geografische Lage: In Schleswig-Holstein, südlich der Stadt Lauenburg, zwischen Tesperhude und Lauenburg, westlicher Teil des Biosphärenreservates Flusslandschaft Elbe
Das gibt's: 400 Kilometer langer Abschnitt der Mittelelbe in vier Bundesländern mit Fluss- und Auenstruktur, Wälder, eingebettet in Jahrhunderte alte Kulturlandschaft
Erlebnis: Wandern, Radeln, Wassersport, Schifffahrt

Marina Beach Lauenburg an der Elbe

Hafenstraße 14b
21481 Lauenburg/Elbe
Tel.: 0171/8112185
www.yachthafen-lauenburg.de

An der Hafenanlage am Abzweig des Elbe-Lübeck-Kanals

GPS: 53°22'17.28"N/10°33'54.60"E

Platz: 🅿 🚐/🚗🚐 = 20 auf Pflaster, Schotter, Asphalt, Kiesel. ♿ 🐕 ➡ = 26 (16 A) 🔧 🚻 CHEM 🚿 🔥 🎣. Anfahrt 9:00 -21:00 Uhr, bei schönem Wetter flexible Öffnungszeiten. Ganzjährig geöffnet.

Preis: 15 € inkl. aller Personen, Müll-Entsorgung. Strom 0,80 €/kWh, Wasser 0,10 €/10 l, Dusche 1 €, WC 0,50 €, Waschmaschine/Trockner je 4 €.

Distanz: 🛒, 🚇 0,5 km, Ⓗ 1 km, 🛒 2 km.

Gastro: Café Bistro Skippertreff, Öffnungszeiten: 9:00-21:00 Uhr, Hauptgerichte ab 9,90 €.

Freizeit: ≋ 2 km, 🏖 24 km, 🚴 2 km. Bootfahren.

POI: Palmschleuse (älteste Schleuse Europas) und Raddampfer Kaiser-Wilhelm 1 km, Altstadt und Elbschifffahrtsmuseum 1 km.

Anfahrt: B5 Hamburg-Berlin nach Lauenburg, von der Berliner Straße (B5) über Maxgrund rechts auf die Hafenstraße.

Kontakt: Yildiz Frühauf, Mobil: 0171/8112185, marinalauenburg@yahoo.de, www.yachthafen-lauenburg.de

Weitere Stellplätze: www.herzogtum-lauenburg.de

◾ WANDERN IN DER MITTE DEUTSCHLANDS

Naturpark-Infozentrum
Friedrichshöhe
Rennsteigstraße 18
98673 Eisfeld
Tel.: 036704/70990
**www.naturpark-
thueringer-wald.de**

Fläche in km²: 2.200
Gegründet: 1990
Geografische Lage: In Thüringen,
von der Werra bei Eisenach bis Sonne-
berg, Bad Blankenburg und Themar
Das gibt's: Eines der größten zusammenhängenden Waldgebiete
Deutschlands, Bergwiesen, Flüsse
und Seen, Nationale Geoparks Schieferland und Inselberg – Drei Gleichen
Erlebnis: Wandern, Radeln, Mountainbike, Themenwege, Rennsteig,
Geocaching, Wintersport

NATUR ENTDECKEN MIT ZERTIFIZIERTEN LANDSCHAFTS-FÜHRER*INNEN

NATIONALER GEOPARK

Wanderparadies im Steinachtal

Steinachtal 1
98724 Lauscha
Tel.: 036702/20590
www.ferien-thueringer-wald.com

*Bei einer kleinen Ferienhaussiedlung
im Naturpark Thüringer Wald*

GPS: 50°28'38.78"N/11°8'4.64"E

Platz:	🅿 🚐 = 4, 🚗🚐 = 2 (< 10 m) auf Schotter, Rasengittersteine. ✕ ➡= 4 ⚓ **WC** **CHEM** **GRAU** 📶 ⚲ ✕ ⛲. Gemeinschaftsraum mit Küche mietbar. 🅱 Geöffnet: April-Oktober.
Preis:	16 € inkl. Strom, Wasser, Entsorgung, Dusche, WC, Müll-Entsorgung, Kurtaxe, WLAN. Jede weitere Person 2 €.
Distanz:	Ⓗ 4 km, 🛒 6 km, 🏔 6 km, 🚋 6 km.
Gastro:	Brötchenservice u. Getränkeverkauf am Platz.
Freizeit:	≈ 0,5 km, 🏔 5 km. Wintersport, Sommer-rodelbahn 6 km.

POI:	Historisches Stadtbild mit Schieferhäusern/ Schiefermuseum in Steinach 5 km, Museum für Glaskunst in Lauscha 6 km, Fröbelturm/ -museum in Oberweißbach 10 km, Naturpark-Infozentrum Friedrichshöhe 12,2 km.
Anfahrt:	Ortsausgang Lauscha nach Süden → Erlebnis-bad, dann 500 m auf einer Schotterstraße.
Kontakt:	Lars Zinck, ☎ 036702/20590, info@ferien-thueringer-wald.com, www.ferien-thueringer-wald.com
Weitere Stellplätze: www.thueringer-wald.com	

■ DEUTSCHLANDS ERSTER NATIONALPARK

Nationalparkzentrum Falkenstein
Eisensteiner Straße 20
94227 Lindberg-Falkenstein
Tel.: 09922/50020
www.nationalpark-bayerischer-wald.bayern.de

Fläche in km²: 248,5
Gegründet/erweitert: 1970/1997
Geografische Lage: Im Inneren des Bayerischen Waldes an der Grenze zu Tschechien
Das gibt's: Wald, Mittelgebirge mit schroffen Gipfeln, Haus der Wildnis mit Wurzelgang, Kinder-Entdeckerraum, 3-D-Kino, Spielplatz
Erlebnis: Wandern, Radeln, Gipfel erklimmen, Schneeschuhwandern

WILDNISCAMP AM FALKENSTEIN

Stellplatz Haus zur Wildnis

Eisensteinerstraße 20
94227 Lindberg
Tel.: 09922/50020
www.nationalpark-bayerischer-wald.de
Im Nationalparkzentrum Falkenstein mit Tierfreigelände

GPS: 49°3'39.45"N/13°14'7.22"E

Platz: 🅿 🚐/🚗🚐 = 4 auf Schotter. 🐕 🚻 🔽. Leinenpflicht für Hunde. Nationalpark-Laden mit Geschenkartikeln und regionalen Produkten. Keine Serviceeinrichtungen. Aufenthalt max. 2 Nächte. Geöffnet: 1.4.-15.11.
Preis: 8 €.
Distanz: 🏖 0,7 km, 🍽 1 km.
Gastro: Gastronomie im Haus zur Wildnis 1 km, Öffnungszeiten siehe www.gastronomie-hauszurwildnis.de.
Freizeit: Steinzeithöhle, 3-D-Kino, Kinder-Erlebnisraum, Tierfreigelände mit Wildpferden, Urrindern, Luchsen und Wölfen 0,5 km.
POI: Nationalpark-Besucherzentrum Haus zur Wildnis mit Dauerausstellung.
Kontakt: Nationalparkverwaltung Bayerischer Wald, ☎ 09922/50020, hzw@npv-bw.bayern.de, www.nationalpark-bayerischer-wald.de

Weitere Stellplätze (siehe auch www.bordatlas.de):
Wohnmobilstellplatz Lindberg Schloss Ludwigsthal, Eisensteiner Straße 3, 94227 Lindberg-Ludwigsthal, Tel.: 09922/7099021, www.arberland-bayerischer-wald.de

■ KLEINSTER NATIONALPARK DEUTSCHLANDS

Nationalparkzentrum Königsstuhl
Stubbenkammer 2
18546 Sassnitz
Tel.: 038392/661766
www.nationalpark-jasmund.de

Fläche in km²: 30
Gegründet: 1990
Geografische Lage: Auf der Halbinsel Jasmund im Nordosten der Insel Rügen
Das gibt's: Ausstellung zu Königsstuhl, Kreideküste und alten Buchenwäldern
Erlebnis: Wandern, Radeln, Natur erleben, weiter Blick über die Ostsee

KÖNIGSWEG

Parkplatz Zum Königsstuhl

Stubbenkammerstraße 57
18551 Lohme-Hagen
Tel.: 038302/9412
www.lohme.de

Separater Bereich eines öffentlichen Parkplatzes am Rande des Nationalparks Jasmund

GPS: 54°33'43.35"N/13°37'29.42"E

Platz:	P 🚐 = 40 auf Schotterrasen, Wiese, Schotter. ♿ 🐕 ⚡ = 24 (6 A) 🔧 CHEM GRAU 🔥. WC 1.4.-31.10.: 8:00-20:00 Uhr, 1.11.-31.3.: 8:00-16:00 Uhr. Ganzjährig geöffnet.
Preis:	12,50 € inkl. aller Personen, Müll-Entsorgung. Strom 2,50 €/24 h, Wasser 1 €/100 l, Entsorgung 2 €, Dusche 1 €, Kurtaxe 1 €, WC 0,50 €. Bezahlung am Automaten.
Distanz:	🚌, Ⓗ 0,1 km, 🏖 0,3 km, 🛒 0,4 km.
Gastro:	Bistro und Imbiss am Platz, "Kleine Försterei"
Freizeit:	≈ 5 km, 🏠 5 km. Wandern im Nationalpark

Jasmund-Königsstuhl, Ostseebadestrand 6 km, Sassnitz Hafen und Tierpark 6 km.
POI: Nationalparkzentrum 3,5 km, Hafen 4 km.
Anfahrt: Von Hamburg: A1 → Lübeck/Rostock, weiter auf der A20 Ri Stettin/Stralsund, Ausfahrt Stralsund → Rügen über Rügenbrücke, B96 bis kurz vor Sagard, an der Ampelkreuzung links → Altenkirchen/Glowe der Straße folgen, rechts abbiegen → Lohme/Hagen, Ziel nach 9 km.
Kontakt: ☎ 038302/9412, touristik-lohme@t-online.de, www.lohme.de

AMAZONAS DES NORDENS

Besucherinformationszentrum
Naturpark Flusslandschaft Peenetal
Peeneblick 1
17391 Stolpe
Tel.: 039721/569290
**www.naturpark-flusslandschaft-
peenetal.de**

Fläche in km²: 334
Gegründet: 2011
Geografische Lage: Im östlichen Teil
von Meck-Pomm, entlang der Peene
zwischen Dargun, Demmin, Loitz,
Jarmen, Gützkow und Anklam
Das gibt's: Einer der letzten unver-
bauten Flüsse Deutschlands, sehr
artenreiche Flora und Fauna, etwa
Fischotter und Biber
Erlebnis: Wandern, Wasserwande-
ern, Radeln, Kanu und Floß fahren,
Schwimmen, Angeln

WIKINGER-GRÄBER
BEI MENZLIN

Hafen- und Sportbootmarina Loitz

Mühlentorvorstadt 9
17121 Loitz
Tel.: 0173/1045364
www.loitz.de
An der Bundeswasserstraße Peene gelegen (Kilometer 43)

GPS: 53°58'15.41"N/13°8'13.33"E

Platz: ⓟ 🚐/🚗🚐 = 20 auf Pflaster, Wiese. 🐕
🚐 = 8 (16 A) ⚓ WC CHEM GRAU 🔥 ⚔ 🐕 🚲.
ⓡ nur bei Gruppen. Keine Dauerstellplätze, auf
Wunsch Brötchenservice durch den Hafenmeister. Bei Caravangespannen sind die Pkw separat
auf ausreichend vorhandenen Stellplätzen
abzustellen. Weitere Stellplätze im Amazonas-
Camp. Geöffnet: April-Oktober.

Preis: 9 €. Strom 2 €, Wasser 2 €, Entsorgung 2 €, Dusche 1 €/Pers., WC 0,50 €. Kaution für Schlüssel
für WC-/Duschanlage 10 €.

Distanz: 🍽, 🏕 0,5 km, 🛒 0,5 km, Ⓗ 0,8 km.
Gastro: Restaurant "Korl Loitz" im Wasserbahnhof,
warme Küche 10:00-22:00 Uhr, Imbiss.
Freizeit: 🏊 0,5 km. Kanu fahren, E-Bike Verleih.
POI: Altstadt Loitz 0,5 km, Hansestadt Demmin
14 km, Hansestadt Greifswald 21 km.
Anfahrt: A20 Ausf. Grimmen, B194 → Loitz oder B110
Demmin, B194 Dt. Alleenstraße → Loitz.
Kontakt: Hafenmeister Herr Müller, Mobil: 0173/
1045364, stadtloitz@loitz.de, www.loitz.de

ERDGESCHICHTE, NATUR, MENSCH UND KULTUR

Geo-Naturpark Bergstraße-Odenwald
Nibelungenstraße 41
64653 Lorsch
Tel.: 06251/707990
www.geo-naturpark.net,
www.bergstrasse-odenwald.de

UNESCO-WELTERBE
GRUBE MESSEL UND
KLOSTER LORSCH
NATIONALER
GEOPARK

Fläche in km²: 3.800
Gegründet/erweitert: 1960/2004
Geografische Lage: Zwischen Rhein, Bergstraße, Odenwald, Main und Neckar
Das gibt's: Geopark-Pfade, Geotope, Mountainbike-Strecken, Ranger, Eingangstore und Infozentren
Erlebnis: Wandern, Mountainbike, Exkursionen in die Eberstädter Tropfsteinhöhle

Stellplatz Karolingerstadt Lorsch

Odenwaldallee
64653 Lorsch
Tel.: 06251/5967501
www.lorsch.de

Am östlichen Ortsrand im Geo-NP Bergstraße-Odenwald

GPS. 49°39'7.29"N/8°34'43.08"E

Platz: = 16 auf Rasengittersteine. = 16 CHEM GRAU . Beleuchtet. Aufenthalt max. 5 Tage, WC in 0,3 km. Ganzjährig geöffnet.
Preis: 10 € inkl. aller Personen, Entsorgung, Müll-Entsorgung. Strom 1 €/2 kWh, Wasser 1,25 €/100 l.
Distanz: Ⓗ 0,2 km, 0,5 km, 0,5 km, 1,5 km.
Freizeit: 3 km, 0,5 km. Wandern im Odenwald, Trimm-Dich-Pfad 3 km, Minigolf 4 km, Fitnesspark mit Sauna 4 km, Badesee 5 km.
POI: UNESCO-Welterbe Kloster Lorsch 0,5 km, Königshalle 0,5 km, Karolingisches Freilichtlabor Lauresham 0,5 km, Schaudepot Zehntscheune 0,5 km, Tabakmuseum 0,5 km.
Kontakt: Kultur- und Tourismusamt Stadt Lorsch, ☎ 06251/5967501, kultour@lorsch.de, www.lorsch.de

Weitere Stellplätze (siehe auch www.bordatlas.de):
Kuralpe Kreuzhof, Kuralpe 2, 64686 Lautertal-Staffel, Tel.: 06254/95150, www.kuralpe.de

Mehr Stellplätze: www.bergstrasse-odenwald.de

■ AUEN MIT REICHER TIER- UND PFLANZENWELT

Informationszentrum des
Biosphärenreservats im
Haus für Mensch und Natur
Schulstraße 9
03222 Lübbenau/Spreewald
Tel.: 03542/89210
**www.spreewald-
biosphaerenreservat.de**

Fläche in km²: 475
Gegründet: 1991
Geografische Lage: In Brandenburg,
Neuendorf am See, Köthen, Lübben,
Lübbenau, Burg und Milkersdorf
Das gibt's: Dicht bewaldete Auen
und Moor, durchzogen von der ver-
zweigten Spree, deutlich erweitert
durch Kanäle, sogenannte Fließe
Erlebnis: Wandern, Radeln, Natur-
und Erlebnispfade, Kahn fahren, Pad-
deln, Angeln

AUSSTELLUNG „UNTER WASSER UNTERWEGS" IN DER ALTEN MÜHLE SCHLEPZIG

Spreewald Caravan- und Wohnmobilpark Dammstraße

Dammstraße 62 d
03222 Lübbenau
Tel.: 03542/2921
www.spreewald.xyz

*Ebene, naturnahe Rasenstellplätze im
Hafenviertel der Lübbenauer Altstadt*

GPS: 51°51'46.45"N/13°58'12.63"E

Platz: 🅿 🚐 = 30, 🚗🚐 = 10 (< 11 m) auf Wiese,
Rasengittersteine, Schotterrasen. 🐕 ⚡= 30
(10 A) 🚿 WC CHEM GRAU 📶 📦 ⚰ 🚲. Leinen-
pflicht für Hunde. 🅱 wird empfohlen. Modernes
Sanitärgebäude, Minishop, Spreewaldgurken-
Direktverkauf. Geöffnet: 1.4.-15.10.

Preis: 19 € inkl. Wasser, Entsorgung, WC, Müll-
Entsorgung, WLAN. Strom 0,50 €/kWh,
Dusche 1 €/6 min, Kurtaxe 2 €.

Distanz: 🛏 , 🍽 0,1 km, 🛒 0,5 km, Ⓗ 0,6 km.

Freizeit: ≈ 3 km, ⌂ 1 km. Rad- und Wandertouren,
Kahnfahrten, Paddelboot fahren, Minigolf
0,3 km, Bowling 0,3 km.

POI: Altstadt Lübbenau mit Nikolaikirche, Großer
Spreewaldhafen Lübbenau, Freilichtmuseum
Lehde 3 km, Slawenburg Raddusch 6 km.

Anfahrt: A13/A15 bis Lübbenau → Altstadt, beschildert.

Kontakt: Yvonne & Guido Reiter, ☎ 03542/2921,
info@spreewald.xyz, www.spreewald.xyz

Weitere Stellplätze (siehe auch www.bordatlas.de):
Stellplatz Lübben, Am Burglehn 10, 15907 Lübben/
Spreewald, Tel.: 03546/3090, www.luebben.de/tourismus

■ EISZEITLICHER HÖHENZUG, NEUZEITLICHE SEEN

Heinz Sielmann Natur-
Erlebniszentrum Wanninchen
Wanninchen 11
5926 Luckau-Görlsdorf
Tel.: 03544/557755
**www.niederlausitzer-
landruecken-naturpark.de**

Fläche in km²: 586
Gegründet: 1997
Geografische Lage: Im Süden
Brandenburgs, südlich von Berlin
Das gibt's: Waldbedeckter Land-
rücken, Quellen, Moore, Teichland-
schaft
Erlebnis: Wandern, Radeln, Schwim-
men, Aussichtstürme besteigen

SLAWISCHE BURGEN

Stellplatz Südpromenade

Südpromenade
15926 Luckau
Tel.: 03544/5940
www.luckau.de
Neben dem Stadtpark

GPS: 51°51'2.00"N/13°42'58.00"E

Platz: P ⛺ = 10 auf Rasengittersteine. ♿ 🐕 ➡
🚿 WC CHEM GRAU ⚟ 🛁. Öffentliche Toilette am
Parkplatz. Ganzjährig geöffnet.
Preis: Übernachtung gratis. Strom 1 €/2 kWh, Wasser
1 €/60 l.
Distanz: 🚂 0,3 km, 🛒 0,5 km, 🏠 1 km.
Freizeit: ≈ 0,5 km, 🏔 20 km. Freibad Luckau, Indoor-
spielplatz Luckau, nächste Haltestelle: Busplatz
Südpromenade.
POI: Niederlausitz-Museum, Napoleonhäuschen,
Stadtpark, Gärten am Schlossberg, historischer

Stadtkern, Stadtführungen 0,1 km, Höllberghof
bei Langengrassau 7,5 km, Sielmann Natur-
Erlebniszentrum Wanninchen 13,6 km, Wasserschloss Fürstlich Drehna 21,6 km.
Anfahrt: 18 km westlich von Lübben (Spreewald).
Kontakt: Stadt Luckau, ☎ 03544/5940, Fax: 03544/2948,
stadt@luckau.de, www.luckau.de

Weitere Stellplätze (siehe auch www.bordatlas.de):
Waldbad Crinitz, Bergener Straße, 03246 Crinitz,
Tel.: 0172/2906086, www.waldbad-crinitz.de

◼ LAND DER HÜGEL UND ALTEN BÄUME

Stadtinformation Malchin
Am Markt 1
17139 Malchin
Tel.: 03994/640111
www.naturpark-
mecklenburgische-schweiz.de,
www.mecklenburgische-
schweiz.com

Fläche in km²: 616
Gegründet: 1997
Geografische Lage: Im Zentrum von
Mecklenburg-Vorpommern, nördlich
der Mecklenburgischen Seenplatte
Das gibt's: Jahrhundertealte Eichen,
Schlösser, Gutshäuser, ländliche Park-
anlagen, Schreiadler, Fischotter, Biber
Erlebnis: Wandern, Radeln, Schwim-
men, Vögel beobachten, Naturfüh-
rungen, Lehrpfade, Angeln

65 KILOMETER LANGE „GROSSE SCHLÖSSERTOUR" FÜR RADLER

Malchiner Kanu-Club

Am Kanal 4/Koesters Eck
17139 Malchin
Tel.: 03994/239468
www.malchiner-kanu-club.de

Am südlichen Ufer des Dahmer Kanals am Yachthafen

GPS: 53°44'38.50"N/12°45'58.60"E

Platz:	🅿 🚐 = 11, 🚗🚐 = 3 auf Schotterrasen, Wiese. ♿ 🐕 🚰 = 12 (16 A) 🔌 WC CHEM /Bio GRAU 📶 ⚓ 🚿. Aufenthaltsraum. 🅱 wird empfohlen. Anfahrt 10:00-18:00 Uhr. Geöffnet: 1.5.-1.10.
Preis:	12 € inkl. Wasser, Entsorgung, WC, Müll-Entsorgung. Jede weitere Pers. 3,50 €, Strom 1 €/ kWh, Dusche 1 €/4 min, WLAN 1 €, Hund 1 €.
Distanz:	🚏 0,1 km, 🛒 0,2 km, 🏠 0,5 km, Ⓗ 0,5 km.
Gastro:	Imbiss/Peenecafè.
Freizeit:	〰 2 km, 🚲. Kanu fahren, Boot fahren,

Bootsverleih, Angelkarten.
POI: Historischer Stadtkern mit Stadtmauer 0,5 km.
Anfahrt: Zwischen Teterow und Stavenhagen mitten in der Mecklenburger Schweiz an der B104 auf der Halbinsel Koesters-Eck zwischen Malchiner-See und Kummerower-See.
Kontakt: Malchiner Kanu-Club e.V., ☎ 03994/239468, Mobil: 01520/3645453, info@malchiner-kanu-club.de, www.malchiner-kanu-club.de

■ ERSTER UND KLEINSTER NP BRANDENBURGS

Naturpark-Infozentrum
Schweizer Haus
Lindenstraße 33
15377 Buckow/Märkische Schweiz
Tel.: 033433/15853
www.maerkische-schweiz-naturpark.de

Fläche in km²: 205
Gegründet: 1990
Geografische Lage: 60 Kilometer östlich von Berlin, im Osten von Brandenburg
Das gibt's: Seen und Bäche, Laubwälder, Schluchten und Täler, Sölle und Quellen, Moore und Fischteiche, Felder, Wiesen und Hecken
Erlebnis: Wandern, Radeln, Entdeckertouren und Naturparkrouten, Schwimmen, Angeln

GROSSES VOGELSCHUTZGEBIET

Stellplatz Alter Schulgarten

Mittelstraße 20
15377 Märkische Höhe-Reichenberg
Tel.: 033437/279855
www.maerkischemitte.de

Im ehemaligen Schulgarten, inmitten des Naturparks Märkische Schweiz

GPS: 52°36'27.64"N/14°6'42.45"E

Platz:	🅿 🚐/🚗🚐 = 8 auf Wiese. 🧒 🐴. Der Platz liegt hinter dem Gelände des Zentrums. Keine VE vorhanden. Ganzjährig geöffnet.
Preis:	8 €.
Distanz:	🚉 0,8 km.
Freizeit:	NaturaTrail – durch die Schluchten und Kehlen der Märkischen Schweiz, internationales Fledermausmuseum Julianenhof 1,8 km.
POI:	Naturpark Märkische Schweiz, Naturpark-Infozentrum "Schweizer Haus" 6,4 km.
Anfahrt:	Über Schotterweg, direkt neben dem Feld.

Kontakt: Lebenszentrum Thomas Müntzer,
☎ 033437/279855, Mobil: 0173/5608903,
kaete.roos@drk-mohs.de,
www.maerkischemitte.de

Weitere Stellplätze (siehe auch www.bordatlas.de):
Wohnmobilstellplatz am Landhaus Garzau, Alte Heerstraße 82, 15345 Garzau-Garzin, Tel.: 033435/156545, www.landhaus-garzau.de

Campershof, Alt Werder 8, 15345 Rehfelde-Werder, Tel.: 033435/789808, www.campershof.de

97656 **Markt Oberelsbach** / BR Rhön / NP Bayerische Rhön

■ LAND DER OFFENEN FERNEN

Biosphärenzentrum Rhön
Haus der Langen Rhön
Unterelsbacher Straße 4
97656 Markt Oberelsbach
Tel.: 09774/910260
**www.biosphaerenreservat-
rhoen.de**

Fläche in km²: 2.433/1.245
Gegründet: 1982/1991
Geografische Lage: Im Dreiländereck Bayern, Hessen, Thüringen, Mit-
teldeutsches Bergland
Das gibt's: Viele Kuppen und Bergrücken mit steilen und sanften Tälern,
weite Landschaft mit Gipfeln und
Plateaus, ausgedehntes Grünland,
Schwarzes Moor, Borstgrasrasen
Erlebnis: Wandern, zertifizierte Führungen, Radeln, E-Bike, Gleitschirmfliegen, Wintersport

GESUNDHEITSTOURISMUS DANK HEILWASSER, KLOSTER KREUZBERG BEI BISCHOFSHEIM/RHÖN

Stellplatz Oberelsbach/Rhön

Gangolfsstraße 25
97656 Markt Oberelsbach
Tel.: 09774/91910
www.oberelsbach.de/Tourismus

In ruhiger Lage an der Els unmittelbar am Ortszentrum

GPS: 50°26'30.00"N/10°6'49.00"E

Platz:	🚐 = 6 auf Sand/Splitt. 🔌 = 6 🚽 CHEM GRAU ♨️ 🐾. Aufenthalt max. 3 Tage. Ganzjährig geöffnet.
Preis:	5 € inkl. aller Personen, Entsorgung. Strom 0,50 €/kWh, Wasser 1 €/100 l oder 0,10 €/10 l
Distanz:	🚉 0,3 km, Ⓗ 0,5 km, 🛒 0,5 km, ⛽ 0,5 km.
Gastro:	Mühlencafé Oberelsbach, Fischerhütte Edwin Ginolfs, Zum Goldenen Hirschen Unterelsbach, Restaurant Landhaus Hubertus Unterelsbach.
Freizeit:	≈ 10 km, 🏔 10 km. Mountainbiking, Biosphä-renzentrum Haus der Langen Rhön 0,6 km.
POI:	Rhönbasilika St. Kilian, Erstes Deutsches Tabak-

pfeifenmuseum, Lehrpfad Gangolfsberg mit Prismenwand 4 km, Basaltsee Steinernes Haus 4 km, Rotes und Schwarzes Moor 12 km.

Anfahrt: A70/71 über Bad Neustadt, im Ort beschildert oder über B279 Ausfahrt Oberelsbach.

Kontakt: ☎ 09774/91910, tourismus@oberelsbach.de, www.oberelsbach.de/tourismus

Weitere Stellplätze (siehe auch www.bordatlas.de):
Reisemobilstellplatz Gasthof Roth, Kreuzberg 10, 97653 Bischofsheim an der Rhön, Tel.: 09772/1245, www.berggasthof-roth.de

■ AUGSBURGS GRÜNER WESTEN

Naturpark Augsburg –
Westliche Wälder
Feyerabendstraße 2
86830 Schwabmünchen
Tel.: 0821/31022278
www.naturpark-augsburg.de

Fläche in km²: 1.225
Gegründet: 1988
Geografische Lage: Alpenvorland,
Mittelschwäbisches Schotterriedel-
und Hügelland
Das gibt's: Bewaldete Höhen, Flüsse,
landwirtschaftlich genutzte Täler
Erlebnis: Wandern, Radeln, Nordic
Walking, Besichtigungen

NATURPARK-KINDERGÄRTEN

Wohnmobilpark Markt Wald

Bürgle 1
86865 Markt Wald-Bürgle
Tel.: 08262/1429
www.wohnmobilpark-markt-wald.de

Am Naturweiher im Naturpark Augsburg – Westliche Wälder

GPS: 48°8'44.51"N/10°34'31.30"E

Platz:	**P** 🚐 = 20 auf Wiese, Schotter. 🐕 🔌 = 10 (16 A) 🚿 **WC** **CHEM** **GRAU** 🧺 🚰. Ganzjährig geöffnet. Im Winter auf Anfrage.
Preis:	10 € inkl. Entsorgung. Strom 0,50 €/kWh, Wasser 1 €/100 l, WC 3 €/Tag.
Distanz:	🛒 1 km, Ⓗ 1 km, 🏪 1 km.
Gastro:	Restaurant am Platz, Brötchenservice.
Freizeit:	≈ 15 km, 🏊 18 km. Badesee, Nordic Walking, Zusamquelle 1 km, Kneipp-Anlage 1,5 km.

POI:	Mariengrotte 0,3 km, Christoph-Scheiner-Turm 0,5 km.
Anfahrt:	A96 Ausfahrt Bad Wörishofen, nördlich nach Markt Wald, in der Ortsmitte → Bürgle.
Kontakt:	Manfred Settele, ☎ 08262/1429, Mobil: 0172/5999411, mail@wohnmobilpark-markt-wald.de, www.wohnmobilpark-markt-wald.de

Weitere Stellplätze: www.augsburg-tourismus.de/
camping-wohnmobil

TIEFE WÄLDER, BURGEN UND SCHLÖSSER

Informationsbüro und
Geschäftsstelle
Klosterfreiheit 34 A
37290 Meißner
Tel.: 05657/644990
www.naturparkfrauholle.land

Fläche in km²: 1.130
Gegründet/erweitert: 1962/2007,
2017
Geografische Lage: In der Mitte
Deutschlands, südöstlich von Kassel
Das gibt's: Meißner, Ringgau und
Kaufunger Wald, Söhre und größte
Teile des Werratals, Auen und Kirsch-
plantagen
Erlebnis: Wandern, Radeln, Kanu fah-
ren, Wintersport, Baden und Schwim-
men, Kletterwald

BARFUSSPFAD

Stellplatz Meißner-Germerode

Klosterfreiheit
37290 Meißner
Tel.: 05657/989630
www.gemeinde-meissner.de
Ruhige Lage beim Bergwildpark Meißner

GPS: 51°11'30.84"N/9°54'4.17"E

Platz: 🚐/🚗🚐 = 6 auf Wiese. 🐕 🔌 = 4 (16 A)
🚿 **CHEM GRAU**. VE in 200 m (Klosterfreiheit 23).
Ganzjährig geöffnet, Ausnahme: In der Woche
von Christi Himmelfahrt.
Preis: Übernachtung gratis inkl. Wasser, Entsorgung.
Strom 1 €.
Distanz: 🏠 0,1 km, Ⓗ 0,2 km, 🍴 0,2 km, 🛒 0,3 km.
Gastro: Landhotel Meißnerhof.
Freizeit: ≈ 8 km, ≈ 12 km. Premiumwanderwege P23
und P1, Bergwildpark mit Erlebnismuseum,
Mohnblüte im Juni und Juli.

POI: Klosterkirche mit alter Vogtei 0,1 km, Besucher-
bergwerk Grube Gustav 3 km.
Anfahrt: A7 Hannover-Würzburg bis Autobahndreieck
Drammetal, B27 → Eschwege, L3241 nach
Meißner. A7 Würzburg-Hannover bis Kirch-
heimer Dreieck über A4 → Eisenach bis Bad
Hersfeld, B27 und L3241 nach Meißner.
Kontakt: Gemeinde Meißner, ☎ 05657/989630,
michael.hartung@gemeinde-meissner.de,
www.gemeinde-meissner.de
Weitere Stellplätze: www.naturparkfrauholle.land

■ WESTFÄLISCHES WALDMEER

LIZ Wasser und Wald Möhnesee
Brüninger Straße 2
59519 Möhnesee
Tel.: 02924/84110
**www.naturpark-
arnsberger-wald.de,
www.liz.de**

Fläche in km²: 599
Gegründet: 1961
Geografische Lage: Hochsauerland-
kreis und Kreis Soest, NRW
Das gibt's: Wald, Seen, Flüsse,
Wander- und Radwege, Höhlen und
Aussichtstürme, Möhnesee-Erlebnis-
zentrum LIZ
Erlebnis: Wandern, Radeln, Bilstein-
höhle und Höhle Hohler Stein
besuchen

LÖRMECKE-, KÜPPEL- UND BISMARCKTURM

Stellplatz Möhnesee

Linkstraße 20a
59519 Möhnesee-Delecke
Tel.:02924/981391
www.moehnesee.de

Am Nordufer des Möhnesees im Naturpark Arnsberger Wald

GPS: 51°29'29.17"N/8°4'54.27"E

Platz:	⬚ = 60 auf Schotter, Schotterrasen. 🐕 ➡= 64 (10 A) 🔧 WC CHEM GRAU ⚓ 🔌. Leinenpflicht für Hunde. Ganzjährig geöffnet. Angaben auf der Internetseite beachten. Im Winter wetterabhängig geschlossen.
Preis:	20 € inkl. aller Personen, Strom, Wasser, Entsorgung, Dusche, WC, Müll-Entsorgung.
Distanz:	➡ 0,1 km, ⊕ 0,5 km, 🛒 4,5 km, 🛒 4,5 km.
Gastro:	Pier 20.
Freizeit:	≈ 9 km, ⌂ 9 km. Schwimmen, Angeln.
POI:	Naturpark Arnsberger Wald, Drüggelter Kapelle

1,3 km, Möhnetalsperre 1,5 km, Naturschutzgebiet Hevetal 1,7 km, Bismarckturm 2 km, Naturschutzgebiet Kleiberg 3 km.

Anfahrt: A44 Ausfahrt Soest/Möhnesee.
Kontakt: Wirtschafts- und Tourismus GmbH Möhnesee,
☎ 02924/981391, Mobil: 02924/981392,
info@moehnesee.de, www.moehnesee.de
Weitere Stellplätze (siehe auch www.bordatlas.de):
Stellplatz AquaOlsberg, Zur Sauerlandtherme 1,
59939 Olsberg, Tel.: 02962/845050, www.aqua-olsberg.de
Weitere Stellplätze: www.hennesee-sauerland.de

■ ÄLTESTER NATURPARK SCHLESWIG-HOLSTEINS

Naturparkzentrum Uhlenkolk
Waldhallenweg 11
23879 Mölln
Tel.: 04542/803345
**www.naturpark-lauenburgische-
seen.de**

Fläche in km²: 474
Gegründet: 1961
Geografische Lage: Im Südosten
Schleswig-Holsteins, an der Grenze
zu Mecklenburg-Vorpommern
Das gibt's: Eiszeitliche Hügelland-
schaft, Wälder, Seen und Feuchtge-
biete sowie Brach- und Weideland
Erlebnis: Wandern, Radeln, Kanu und
Kajak fahren, Vögel beobachten

NATURPARK-SCHULE

Wohnmobilplatz am Ziegelsee

Alt-Möllner Straße/Hafen
23879 Mölln/Lauenburg
Tel.: 04542/8568890
www.moelln-tourismus.de
Separate Stellplätze im Stadtgebiet

GPS: 53°37'33.52"N/10°41'0.16"E

Platz:	⊡ 🚐 = 24 auf Schotterrasen, Schotter. 🐕 💧. Nächste VE an der Tankstelle in 1 km (Montag-Freitag 8:00-19:00 Uhr, Samstag 8:00-16:00 Uhr, Gebühr 1 €). Ganzjährig geöffnet.
Preis:	7 € inkl. Strom. Kurtaxe 2 €/Pers.
Distanz:	🛏 0 km, 🚉 0,2 km, 🛒 0,5 km, Ⓗ 0,5 km.
Gastro:	Mehrere Restaurants in der Nähe.
Freizeit:	≈ 2 km, 🏖 1 km, 🚴 0,5 km. Bootstouren, Stadt-/Museumsführung, Angelplatz, Naturparkzentrum Uhlenkolk, Kurpark 0,5 km, Schifffahrt 0,5 km, Wildpark/Aussichtsturm 1 km.

POI: Historisches Stadtzentrum mit Museen 0,5 km.
Anfahrt: A24 Ausfahrt Talkau, B207 → Mölln Ausfahrt
Mölln-Süd, in Alt-Mölln → Stadtzentrum, nach
der Brücke über den Elbe-Lübeck-Kanal links in
die Alt-Möllner Straße abbiegen.
Kontakt: Kurverwaltung, ☎ 04542/8568890,
info@moelln-tourismus.de,
www.moelln-tourismus.de
Weitere Stellplätze (siehe auch www.bordatlas.de):
Schaalsee-Camp, Sterleyer Heide 2 (An der Piperseebrücke), 23883 Sterley-Pipersee, www.kanu-center.de

■ IM EINKLANG MIT NATUR UND KULTUR

Schloss Burgtreswitz
Schlosshof 1
92709 Moosbach
Tel.: 09656/92020
www.naturpark-now.de,
www.moosbach.de

Fläche in km²: 1.380
Gegründet: 1975
Geografische Lage: Im Nordosten Bayerns
Das gibt's: Buchen-Fichten-, Kiefer-Flechten- und Bruch-Moorwälder, Heide und Weideland, Wiesen und Talauen mit reicher Flora und Fauna
Erlebnis: Wandern, Radeln, Vulkane besteigen

STEINERNE WUNDERGÄRTEN

Stellplatz bei der Wieskirche

Friedhofgasse
92709 Moosbach
Tel.: 09656/920217
www.moosbach.de

Im hinteren Parkbereich des Parkplatzes zwischen Friedhof und der Wieskirche

GPS: 49°35'29.50"N/12°24'47.50"E

Platz: 🅿 🚐/🚗🚐 = 6 auf Wiese, Schotter. 🐕‍🦺 = 6 🚽 **CHEM**. Meldeschein ist hinterlegt, muss ausgefüllt und zusammen mit Stellplatzgebühr in den Briefkasten am Rathaus eingeworfen werden. Geöffnet: März-Oktober.
Preis: 5 € inkl. Strom, Wasser, Entsorgung, Müll-Entsorgung, Kurtaxe, Sanitär-Nutzung.
Distanz: 🛒 0,1 km, 🎒 0,1 km, Ⓗ 0,2 km, 🍴 0,2 km.
Gastro: Familiengeführte Landgasthöfe im Zentrum.
Freizeit: ≈ 5 km, ⌂ 0,2 km. 200 km markierte Wanderwege, Schlossbesichtigung, Kneippanlage

0,1 km, Bockl-Radweg 2 km, Natur-Waldbad Tröbes 5 km.
POI: Pfarrkirche, Generationenpark 0,1 km, barocke Wieskirche 0,1 km, Schloss Burgtreswitz mit Heimatmuseum/Naturpark-Infostelle 1,5 km.
Anfahrt: A6 → Prag, Ausfahrt Pleystein → Moosbach, im Ort → Ozon-Hallenbad beschildert.
Kontakt: Markt Moosbach, ☎ 09656/920217, gaeste-info@moosbach.de, www.moosbach.de
Weitere Stellplätze: www.oberpfaelzerwald.de

■ WALDREICH ZWISCHEN BACH UND HEIDE

Haus des Gastes Müllrose
Kietz 7
15299 Müllrose
Tel.: 033606/77290
www.schlaubetal-naturpark.de,
www.muellrose.de

Fläche in km²: 227
Gegründet: 1995
Geografische Lage: Im Osten von
Brandenburg, südöstlich von Berlin
Das gibt's: Wälder mit darin einge-
schnittenen Tälern der Flüsse Schlau-
be, Dorche, Oelse und Demnitz,
großer Reichtum an Pflanzen- und
Tierarten
Erlebnis: Wandern, Radeln, Natur-
lehrpfade, Themenwege, Boot fahren,
Führungen

KREMSERFAHRTEN

Camping Nitschke

Frankfurter Straße 98
15299 Müllrose
Tel.: 033606/70508
www.camping-nitschke.de

Parkplatz vor und auf dem Betriebsgelände
direkt an der B87

GPS: 52°15'26.82"N/14°25'38.96"E

Platz: 🅿 🚐 = 10, 🚗🚐 = 3 auf Wiese, Pflaster.
🐕 ➡ = 10 (10 A) ⚓ CHEM GRAU 📶 🛈 ⚖.
3 Gratis-Stellplätze vor dem Gelände ohne
Strom. An- und Abreise, Strom/VE nur zu den
Öffnungszeiten, Montag-Freitag 9:00-12:00 Uhr
+ 13:00-18:00 Uhr, Samstag 9:00-13:00 Uhr. Gelände wird am Abend abgeschlossen. Schlüssel
für das Tor gegen Kaution. Ganzjährig geöffnet.

Preis: 10 € inkl. Strom, Wasser, Entsorgung, Müll-
Entsorgung, WLAN. Jede weitere Person 1 €.
VE für Durchreisende 1 €.

Distanz: Ⓗ 0,1 km, 🍴 0,5 km, 🛒 1 km.
Freizeit: 🌊 2 km. Wandern, Radfahren, Bootsverleih
(Marina Schlaubetal), 0,5 km.
POI: Schlaubetal 2 km, Kleist-Museum Frankfurt/
Oder 10 km, Polen 10 km.
Anfahrt: A12 Ausfahrt Müllrose oder über B87.
Kontakt: Marko Nitschke, ☎ 033606/70508, info@cam-
ping-nitschke.de, www.camping-nitschke.de
Weitere Stellplätze (siehe auch www.bordatlas.de):
Waldparkplatz Ratzdorf, Lindenallee 34A, 15898 Neiße-
münde-Ratzdorf, Tel.: 033652/7260.

■ ABWECHSLUNGSREICHE LANDSCHAFT

Biosphärenzentrum Schwäbische Alb
Biosphärenallee 2-4
72525 Münsingen
Tel.: 07381/93293831
www.biosphaerengebiet-alb.de

Fläche in km²: 850
Gegründet: 2009
Geografische Lage: In Baden-Württemberg, von der Albhochfläche mit Wacholderheiden über den Albtrauf mit Wäldern bis ins Vorland, Streuobstwiesen, Schichtstufenland, Mittelabschnitt Europäisches Jura
Das gibt's: Größtes zusammenhängendes Karstgebiet in Deutschland Höhlen und Quellen, Hochflächen, Felsformationen
Erlebnis: Wandern, Radeln, Schwimmen, Klettern, Natur erkunden

EHEMALIGEN TRUPPENÜBUNGSPLATZ MÜNSINGEN ZU FUSS ODER MIT DEM RAD ERKUNDEN

NATIONALER GEOPARK

Stellplatz Trailfingen/Gruorn

Tragolfstraße 59
72525 Münsingen-Trailfingen
Tel.: 07381/4182, 07381-4193
www.womo-stellplatz-trailfingen-gruorn.de

Im Herzen des Biospärengebiets Schwäbische Alb

GPS: 48°26'1.77"N/9°30'10.84"E

Platz:	🚐 = 14 auf Schotter, Wiese. 🐕 ♿ ♨ CHEM GRAU 📶. 🅿 Ganzjährig geöffnet.
Preis:	10 €. Strom 2 €.
Distanz:	🏠 4 km, 🛒 4 km, 🍴 4 km, Ⓗ 5 km.
Gastro:	Brötchenservice, Frühstücksservice Dienstag-Sonntag über www.moritz-stadtcafe.de.
Freizeit:	≈ 4 km, 🚲 4 km.
POI:	Historische Altstadt mit Stadtmuseum im Schloss, ehemaliger Truppenübungsplatz mit Dorf Gruorn (Kirche/bewirtschaftetes Museumsgebäude), Bad Urach und Ermstal mit

Ruine Hohenurach, Trailfinger Schlucht, Großes Lautertal mit Burgruinen, Biosphärenzentrum Schwäbische Alb 7,5 km.

Kontakt: Jochen Ostertag, ☎ 07381/4182, Mobil: 0162/6280023, info@womo-stellplatz-trailfingen-gruorn.de, www.womo-stellplatz-trailfingen-gruorn.de

Weitere Stellplätze (siehe auch www.bordatlas.de):
Wohnmobilstellplatz Heiligental, Hauptstraße 13, 72525 Münsingen-Gundelfingen, www.muensingen.com
Mehr Stellplätze: www.schwaebischealb.de

■ ENTLANG DES LIMES, AUF DEN SPUREN DER RÖMER

Naturparkzentrum
Schwäbisch-Fränkischer Wald
Marktplatz 8
71540 Murrhardt
Tel.: 07192/213777
www.naturpark-sfw.de

Fläche in km²: 1.270
Gegründet: 1979
Geografische Lage: In Baden-Württemberg, 50 Kilometer nordöstlich von Stuttgart, zwischen Lorch und Öhringen, Backnang und Aalen
Das gibt's: Wälder und Streuobstwiesen, Weinberge, Klingen, Grotten, Schluchten, Gewässer sowie lebhafte Städtchen und beschauliche Weiler
Erlebnis: Wandern, Radeln, Mountainbike, unterwegs mit Naturparkführern

NATUR-ERLEBNISCAMP UND GPS-SCHNITZELJAGD ALS NATURPARK-RALLYE

Stellplatz bei der Festhalle

Helmut-Götz-Straße 3
71540 Murrhardt
Tel.: 07192/213777
www.murrhardt.de

Ausgewiesene Stellplätze nahe Ortsmitte

GPS: 48°58'46.00"N/9°34'29.00"E

Platz:	🚐 = 3 auf Rasengittersteine. 🚻 🐕 ⚓ CHEM GRAU 🛒. Ganzjährig geöffnet.
Preis:	Übernachtung gratis inkl. Entsorgung. Wasser 1 €/90 l.
Distanz:	🚊 0,3 km, 🛒 0,4 km, 🏠 0,4 km, Ⓗ 0,5 km.
Freizeit:	≈ 2 km, 🚲 0,5 km. Historische Stadtführung, Tennisplatz 2 km, Waldsee 6 km.
POI:	Carl-Schweizer-Museum/Städtische Kunstsammlung 0,3 km, Römerbad 0,8 km, Naturparkzentrum 0,9 km, Limes-Wachtürme 2 km, Hörschbach-Wasserfälle 3 km.

Anfahrt: L1066 (Sulzbacher Straße) über die Murrbrücke in die Hörschbachstraße, nach 250 m links abbiegen in die Helmut-Götz-Straße. Platz bei der Festhalle Murrhardt.

Kontakt: Tourist Info, ☎ 07192/213777, touristik@murrhardt.de, www.murrhardt.de

Weitere Stellplätze (siehe auch www.bordatlas.de):
Wohnmobilstellplatz am Freibad Rudersberg,
Bronnwiesenweg, 73635 Rudersberg, Tel.: 07183/30050, www.rudersberg.de
Mehr Stellplätze: www.schwaebischerwald.com

◼ WANDERN MIT AUSSICHT

Touristinformation Nassau
Obertal 9a
56377 Nassau
Tel.: 02604/95250
www.naturparknassau.de,
www.badems-nassau.info

Fläche in km²: 561
Gegründet/erweitert: 1963/1979
Geografische Lage: Im südwestlichen Westerwald und nordwestlichen Taunus in Rheinland-Pfalz
Das gibt's: Bewaldetes Mittelgebirge, Bäche und Flüsse, Wiesen und Weiden
Erlebnis: Wandern, Radeln, Kanu und Kajak fahren, Angeln

KAISERLICHE BÄDERKULTUR

Stellplatz Nassau

Leifheitstraße
56377 Nassau/Lahn
Tel.: 02604/95250
www.nassau-touristik.de

Gegenüber dem Großraumparkplatz am Freibad,
in unmittelbarer Nähe zur Lahntalbahn

GPS: 50°18'41.41"N/7°47'50.64"E

Platz:	🅿 🚐 = 6 auf Asphalt. ♿ 🐕 ⚓ WC CHEM GRAU ≋. Campingverhalten nicht erlaubt. Ganzjährig geöffnet.
Preis:	Übernachtung gratis inkl. Entsorgung. Wasser 1 €/100 l.
Distanz:	🛒 0,2 km, 🛏 0,4 km, Ⓗ 0,4 km, 🚍 0,4 km.
Gastro:	Mehrere Restaurants im Zentrum.
Freizeit:	🚲 0,4 km. Wandern, Radfahren, Paddeln/Kanu fahren, Schwimmen, Stadt-/Burgführungen.
POI:	Rathaus im Fachwerkstil 0,3 km, Fahrt mit dem

Hausboot "Huckleberry Inn" 0,3 km, Steinsche Burg 0,6 km, Burg Nassau 1,3 km.

Anfahrt: Von B260 Beschilderung Schwimmbad folgen, links auf den Parkplatz einbiegen.

Kontakt: Tourist-Info Nassau, ☎ 02604/95250, info@ badems-nassau.info, www.nassau-touristik.de

Weitere Stellplätze (siehe auch www.bordatlas.de):
Wohnmobilstellplatz Braubach, B42/Rheinuferstraße, 56338 Braubach, Tel.: 02627/976001, www.wohnmobilstellplatz-braubach.de

■ NATUR ERLEBEN – GESCHICHTE ENTDECKEN

Naturpark Saale-Unstrut-Triasland
Unter der Altenburg 1
06642 Nebra
Tel.: 034461/22086
www.naturpark-saale-unstrut.de

Fläche in km²: 1.037
Gegründet: 1991
Geografische Lage: Im Süden von
Sachsen-Anhalt, zwischen Thüringen
und Sachsen
Das gibt's: Fruchtbare Flusstäler von
Saale und Unstrut, Weinhänge, Streu-
obstwiesen, Auenlandschaft, vielfäl-
tige Tier- und Pflanzenwelt, Burgen
und Schlösser
Erlebnis: Wandern, Wasserwandern,
Radeln, Boot fahren, Bronzezeit er-
kunden

FUNDORT HIMMELSSCHEIBE VON NEBRA

Stellplatz Arche Nebra

An der Steinklöbe 16
06642 Nebra/Unstrut
Tel.: 034461/25520
www.himmelsscheibe-erleben.de
Auf einem Parkplatz am Ortsrand

GPS: 51°16'23.08"N/11°32'20.60"E

Platz:	⊞ = 4 auf Rasengittersteine, Pflaster. 🐕. Überwiegend eben, teils schattig. Ganzjährig geöffnet.
Preis:	Übernachtung gratis.
Distanz:	⇥ 0 km.
Gastro:	Restaurant und Biergarten.
Freizeit:	Kanu fahren, Himmelscheiben-Radweg, Unstrut-Radweg.
POI:	Arche Nebra, Fundort der Himmelsscheibe mit Museum 3 km.
Anfahrt:	Von Süden: A9, Ausfahrt Naumburg. Von Osten: A9, Ausfahrt Querfurt. Von Westen: A38, Ausfahrt Eisleben A71, Anschlussstelle Sömmerda, über Kölleda und Bad Bibra.

Kontakt: ☎ 034461/25520,
info@himmelsscheibe-erleben.de,
www.himmelsscheibe-erleben.de
Weitere Stellplätze (siehe auch www.bordatlas.de):
Caravanstellplatz Schleusenblick, Wasserstraße 22,
06632 Freyburg/Unstrut, Tel.: 034464/3661.
Mehr Stellplätze: www.saale-unstrut-tourismus.de/
uebernachten

■ DURCHBRUCHSTÄLER, FISCHER, SLAWENBURGEN

Naturparkzentrum
Sternberger Seenland
Am Markt 1
19417 Warin
Tel.: 038482/235270
www.np-sternberger-seenland.de

Fläche in km²: 540
Gegründet: 2005
Geografische Lage: In Mecklenburg-Vorpommern, östlich des Schweriner Sees
Das gibt's: Erosions- und Durchbruchtäler von Warnow und Mildenitz, größte Binnensalzwiese des Landes, Sternberger Kuchen: 25 Millionen Jahre altes Gestein mit eingebackenen Muscheln
Erlebnis: Wandern, Radeln, Boot fahren, Wassersport

EINER DER ÄLTESTEN SEEADLERHORSTE

Wohnmobilpark am See Neukloster

Alte Gärtnerei 3
23992 Neukloster
Tel.: 038422/58492
www.wohnmobilpark-am-see.de

Hinter der Stadthalle am östlichen Ufer der Halbinsel Neukloster

GPS: 53°51'37.33"N/11°41'47.27"E

Platz:	🅿 🚐 = 69 auf Schotter, Wiese. 🐕 🚐= 56 (10 A) ⚡ WC CHEM GRAU 🚿 🛒 ≈. 🅱 Leinenpflicht für Hunde. Anreise 12:00-16:00 Uhr, Abreise bis 12:00 Uhr. Rezeptionszeiten: 7:30-9:30 Uhr und 14:00-16:00 Uhr. Ganzjährig geöffnet.
Preis:	16 € inkl. Wasser, Entsorgung, WC, Müll-Entsorgung, WLAN. Strom 1 €/2 kWh, Dusche 2 €, VE für Durchreisende 5 €.
Distanz:	🚏 0,3 km, 🛒 0,8 km, 🅗 0,8 km, 🏖 0,8 km.
Gastro:	Biergarten, Brötchen-/Pizza-/Whiskyservice.
Freizeit:	🚴 0,5 km. Angeln, Badestelle am See, Naturfreibad Neuklostersee mit Bootsverleih 0,4 km.
POI:	Klostergarten/-kirche 0,5 km, Pennewitter Hünengrab 5 km, Naturparkzentrum Sternberger Seenland in Warin 8,5 km.
Kontakt:	Wohnmobilpark am See, Andreas Fenner, ☎ 038422/58492, kontakt@wohnmobilpark-am-see.de, www.wohnmobilpark-am-see.de

Weitere Stellplätze (siehe auch www.bordatlas.de):
Reisemobilhafen Sternberger Seenland, Maikamp 11, 19406 Sternberg, Tel.: 03847/2534, www.camping-sternberg.de

■ SEENLAND UND DER BÖHMISCHE WIND

Tourismuszentrum Oberpfälzer Wald/
Landkreis Schwandorf
Obertor 14
92507 Nabburg
Tel.: 09433/203810
naturpark.landkreis-schwandorf.de,
www.oberpfaelzerwald.de

Fläche in km²: 817
Gegründet: 1985
Geografische Lage: Vom Oberpfäl-
zer Seenland bis zum Schönseer Land
Das gibt's: Dicht bewaldetes Mittel-
gebirge, Flüsse und Bäche, Weiher,
Wiesen und Weiden
Erlebnis: Wandern, Radeln, Führun-
gen mit dem Ranger

NATURPARK-SCHULE UND -KITA

Stellplatz Am Freibad

Scherrstraße 2
92431 Neunburg vorm Wald
Tel.: 09672/9208421
www.neunburgvormwald.de

Direkt am Erlebnisbad im Oberpfälzer Seenland

GPS: 49°21'5.53"N/12°23'1.79"E

Platz: P ⛺ = 4 auf Schotterrasen. 🐕 ➡ ⚓ CHEM GRAU ⚓. Dusche/WC zu den Öffnungszeiten des Erlebnisbades. Bei technischen Problemen mit Strom-/Wasserversorgung an 09672/9208-500 wenden. Ganzjährig geöffnet.

Preis: Übernachtung gratis inkl. Entsorgung. Strom 1 €, Wasser 1 €.

Distanz: 🍴 0,1 km, weitere Restaurants in 0,4 km, Ⓗ 0,2 km, 🛒 0,4 km, 🛒 0,5 km.

Freizeit: 🏠 0,5 km. Wandern im Naturpark Oberpfälzer Wald, Tret-/Ruderboot fahren am Obersee,

POI: Schwarzachtal-Radweg, Wandern auf dem Goldsteig, Segeln/Surfen am Eixendorfer See. Schwarzachtaler Heimatmuseum, städt. Ruten-gängerlehrpfad im Stadtpark, Naturschutzge-biet "Prackendorfer und Kulzer Moos".

Kontakt: Gästeinformation, ☎ 09672/9208421, tourist-info.stadt@neunburg.de, www.neunburgvormwald.de

Weitere Stellplätze (siehe auch www.bordatlas.de):
Wohnmobilstellplatz Schwandorf, Angerring, 92421 Schwandorf-Krondorf, www.schwandorf.de

■ RUND UM NIEDERSACHSENS GRÖSSTEN BINNENSEE

Naturparkhaus Mardorf
Uferweg 118
31535 Neustadt am Rübenberge
Tel.: 0511/61626123
**www.naturpark-
steinhuder-meer.de**

Fläche in km²: 426
Gegründet: 1974
Geografische Lage: In Niedersachsen, 30 Kilometer nordwestlich von Hannover
Das gibt's: Ausgedehnte Moorflächen, schwimmende Wiesen, eiszeitliche Moränenlandschaft, Binnendünen, Berge und Niedersachsens größter Binnensee: das Steinhuder Meer
Erlebnis: Wandern, Radeln, Erlebniswege, Schwimmen, Wassersport, Angeln

DINO-PARK

Stellplatz Steinhuder Meer

Rote-Kreuz-Straße 16
31535 Neustadt am Rübenberge-Mardorf
Tel.: 05036/530
www.wohnmobilstellplatz-steinhuder-meer.de

Am Steinhuder Meer

GPS: 52°29'10.52"N/9°18'0.66"E

Platz:	= 60 auf Wiese. 🕭 🐕 ➡ = 60 (16 A) ⚓ CHEM GRAU ⚓. Anfahrt 24 h, Stellplatzgrößen von 47 bis über 85 qm. Ganzjährig geöffnet.
Preis:	10 € inkl. aller Personen, Entsorgung, Müll-Entsorgung. Strom 3 €, Wasser 1 €/100 l. Bezahlung am Parkscheinautomaten.
Distanz:	🚉 0,2 km, Ⓗ 0,3 km, 🛒 0,8 km, ⛱ 0,8 km.
Freizeit:	🚲 1,5 km. Führungen im Naturpark, Segeln, Bootstouren, Kletter- und Abenteuerpark "SeaTree", Steinhuder Meer 0,3 km, Golfplatz 1,5 km.
POI:	Naturparkhaus Mardorf 1 km, Inselfestung

1,5 km, Schloss Landestrost 10 km.
Anfahrt: A2 Ausfahrt Hannover-Herrenhausen, B6 → Nienburg, Ausfahrt Steinhuder Meer, Meerstraße, Rote-Kreuz-Straße.
Kontakt: Hartmut Niemeyer, ☎ 05036/530, mailbox@ wohnmobilstellplatz-steinhuder-meer.de, www.wohnmobilstellplatz-steinhuder-meer.de
Weitere Stellplätze (siehe auch www.bordatlas.de):
Wohnmobilstellplatz Steinhude, Bruchdamm, 31515 Steinhude-Wunstorf, Tel.: 05033/390810, www.steinhuder-meer.de/wohnmobilstellplatz

■ MEERESGRUND TRIFFT HORIZONT

Seehundstation Nationalpark-Haus
Norddeich
Dörper Weg 24
26506 Norden
Tel.: 04931/973330
**www.nationalpark-wattenmeer.
de/nds/biosphaerenreservat**

Fläche in km²: 2.400
Gegründet/erweitert: 1992/2021
Geografische Lage: Niedersächsi-
sche Nordseeküste, von der Elbmündung bei Cuxhaven bis zur niederländischen Grenze
Das gibt's: Wattenmeer von Borkum
bis zur Elbmündung samt den ostfriesischen Inseln
Erlebnis: Wattwandern, Radeln,
Kutschfahrten, Schwimmen

JUNIOR-RANGER WERDEN

Womopark Norddeich

Deichstraße 24 a
26506 Norden-Norddeich
Tel.: 04931/9186478
www.womopark-norddeich.de

*Direkt am Deich, 3 Kilometer zum Fähranleger
zu den Nordseeinseln Norderney und Juist*

GPS: 53°36'6.67"N/7°8'5.83"E

Platz:	P 🚐 = 44 auf Wiese, Schotter. 🐕 ➡ = 44 (16 A) 🔧 WC CHEM GRAU 📶 🔌 R wird emp- fohlen, ab 3 Übernachtungen möglich. Max. 2 Hunde. Geöffnet: 20.2.-5.11. und 21.12.-10.1.
Preis:	15 € inkl. Entsorgung, WC, Müll-Entsorgung, WLAN. Jede weitere Pers. 1 €, Strom 1 €/2 kWh, Wasser 1 €/100 l, Dusche 1 €, Hund 1 €, Wasch- maschine 3 €, Trockner 1,50 €/h. Kurtaxe (ab 16 J.) je nach Saison 1,20€/2,50 €.
Distanz:	🏠 2,5 km, Ⓗ 2,5 km, 🛒 3,5 km.
Gastro:	Am Platz, warme Küche 17:30-21:00 Uhr.

Freizeit:	≈ 2,5 km, 🏖 2,5 km, 🚲 0,3 km. Wattwan- dern, Erlebnisbad "Ocean Wave" in Norddeich 2,5 km, Seehundaufzuchtstation 2,5 km, Walmuseum 7,7 km.
POI:	Hafen Norddeich 3 km.
Anfahrt:	Emden → Norden/Norddeich, am Ocean Wave vorbei, nach dem Campingplatz 500 m rechts, neben Hotel Großer Krug.
Kontakt:	Behrendt, ☎ 04931/9186478, info@womo- park-norddeich.de, womopark-norddeich.de
Weitere Stellplätze:	www.bordatlas.de

■ WO DER HARZ AM SÜDLICHSTEN IST

Tourismus-Informationszentrum &
Naturpark-Info
Bahnhofsplatz 3a
99734 Nordhausen
Tel.: 03631/902154
www.naturpark-suedharz.de

Fläche in km²: 267
Gegründet: 2010
Geografische Lage: In Nordthürin-
gen, zwischen Nordhausen und den
angrenzenden Bundesländern Nie-
dersachsen und Sachsen-Anhalt
Das gibt's: Kombination aus den
steil aufragenden Randhöhen des
Harzes und einer betont grünen
Gipskarstlandschaft, Bergwiesen
und weite Täler
Erlebnis: Wandern, Radeln,
Themenwege

WANDERN MIT DER DAMPFLOK

Badehaus Nordhausen

Grimmelallee 40
99734 Nordhausen
Tel.: 03631/47990
www.badehaus-nordhausen.de
Direkt neben dem Erlebnisbad

GPS: 51°30'19.79"N/10°47'5.18"E

Platz:	P 🚐 = 5 auf Rasengittersteine. ♿ 🐕 ➡ ⛽ WC CHEM GRAU 🚿. Öffnungszeiten des Bades 8:00-22:00 Uhr. Ganzjährig geöffnet. Ausnahme: Weihnachtsfeiertage/Neujahr geschlossen.
Preis:	10 € inkl. Strom, Wasser, Entsorgung. Dusche 3 €, VE für Durchreisende 3 €. Inkl. Gutschein 1,5 h Bad für 1 Person.
Distanz:	🛏 0,2 km, Ⓗ 0,2 km, 🛒 0,5 km.
Gastro:	Bistro im Bad. Mehrere Restaurants in der unmittelbaren Umgebung.
Freizeit:	≈ 2 km. Landesgartenschaugelände 2 km.

POI: Traditionsbrennerei 0,2 km, Altstadt, Dom Zum Heiligen Kreuz, Kirchen St. Maria im Tale und St. Maria auf dem Berg, Museen 0,4 km.
Anfahrt: An der B4 im Zentrum von Nordhausen.
Kontakt: Badehaus Nordhausen GmbH, ☎ 03631/47990, team@badehaus-nordhausen.de, www.badehaus-nordhausen.de
Weitere Stellplätze (siehe auch www.bordatlas.de):
Hotel Brauner Hirsch, Dorfstraße 42, 99768 Ilfeld-Sophienhof, Tel.: 036331/48144, www.braunerhirsch-sophienhof.de

■ BURGRUINEN, WÄLDER UND SAGENHAFTE FELSEN

Schloss Wartenstein/
Erlebniswelt Wald und Natur
55606 Kirn
Tel.: 06752/135171
www.soonwald-nahe.de

Fläche in km²: 735
Gegründet/erweitert: 2005/2014
Geografische Lage: In Rheinland-
Pfalz, im südöstlichen Hunsrück und
im Mittelteil des Nahelandes
Das gibt's: Bewaldetes Mittelgebirge
Hunsrück, rheinhessisches Tafel- und
Hügelland, Nordpfälzer Bergland
Erlebnis: Wandern zwischen Wald
und Wein, Radeln, Rund- und
Themenwanderwege

TREKKING SOONWALD:
ZELTEN IM WALD

Landhaus Wartenstein

Auf dem Scheid 4
55606 Oberhausen bei Kirn
Tel.: 06752/2733
www.landhaus-wartenstein.de

Schöner Ausblick zum Idar-Kopf

GPS: 49°48'28.90"N/7°26'54.37"E

Platz: 🅿 🚐/🚗 = 3 auf Asphalt. ♿ 🐕 🔌 = 2
(16 A) 🚿 ⚔. 🅱 wird empfohlen. Anfahrt von
9:00-20:00 Uhr. Telefonische Voranmeldung/
Anfrage über Öffnungszeiten erwünscht.

Preis: 5 € inkl. Wasser. Für Restaurantgäste kostenlos.
Strom 2,50 €.

Distanz: 🏠 , 🍴 , weitere Restaurants in 4 km,
Ⓗ 0,2 km, 🛒 4 km.

Gastro: Warme Küche Montag, Mittwoch-Samstag
17:30-21:30 Uhr, Sonntag 11:30-14:00 Uhr und
17:30-21:30 Uhr, Dienstag Ruhetag.

Freizeit: 🏊 4 km. Wandern auf verschiedenen Vital-
touren, Soonwaldsteig.

POI: Schloss Dhaun 6 km, Schloss Wartenstein 6 km,
Kupferbergwerk Fischbach 15 km, Edelstein-
Erlebniswelt Idar-Oberstein 20 km.

Anfahrt: A61 Ausf. 51, B41 über Bad Kreuznach, Bad
Sobernheim, Kirn, re. nach Oberhausen.

Kontakt: ☎ 06752/2733, landhaus-wartenstein@
t-online.de, www.landhaus-wartenstein.de

Weitere Stellplätze: www.hunsruecktouristik.de,
www.naheland.net

■ HERZSTÜCK DES FRÄNKISCHEN KEUPERLANDES

Steigerwald-Zentrum
Handthal 56
97516 Oberschwarzach
Tel.: 09382/319980
www.steigerwald-naturpark.de

Fläche in km²: 1.280
Gegründet: 1972
Geografische Lage: In Bayern, zwischen Würzburg, Rothenburg o.d.T., Nürnberg und Bamberg
Das gibt's: Ausgedehnte Mittelwälder, geprägt von Eichen, Hainbuchen und Eschen, Steppen-Trockenrasen, Buchenwald mit Alt- und Totholz als Lebensraum für viele Tiere und Pflanzen, großer Laubwald
Erlebnis: Wandern, Radeln, Mountainbike, unterwegs mit dem Naturparkführer, Waldbaden, Rätseln und Lernen

MALWETTBEWERB

Gasthaus Zur Traube

Breitbach 23
97516 Oberschwarzach-Breitbach
Tel.: 09553/981090
www.traubebreitbach.de

Neben dem Gasthaus

GPS: 49°50'51.27"N/10°25'45.18"E

Platz: 🅿 🚐 = 8, 🚗🚐 = 5 auf Schotter. 🐕 🛵 = 3 (16 A) 🔌 📶 ⚡ 🛒. Ganzjährig geöffnet.
Preis: Für Restaurantgäste kostenlos. Einkehr obligatorisch. Strom 5 €, Wasser 5 €.
Distanz: Ⓗ 0,3 km, 🚉 0,5 km, 🛒 2 km, ⛽ 2 km.
Gastro: Warme Küche 11:00-20:00 Uhr. Spezialitäten aus eigener Wurstküche, Forellenzucht und Weinbau. Mittwoch und Donnerstag Ruhetag, Frühstück möglich.
Freizeit: ≈ 5 km, 🏊 9 km, 🚲 2 km. Betriebsführung, Forellenfütterung, Wandern (Steigerwaldzentrum und Baumwipfelpfad in direkter Nachbarschaft, 2 km), Radfahren (direkt am Fahrradweg Ebrach-Breitbach-Oberschwarzach), Weinfeste, Freizeitland Geiselwind 15 km.
POI: Ebracher Klosterkirche 5 km, mittelalterlicher Stadtkern von Prichsenstadt 8 km.
Anfahrt: Direkt an der B22, in zentraler Lage zur A3.
Kontakt: Familie Schimmel, ☎ 09553/981090, post@traubebreitbach.de, www.traubebreitbach.de
Weitere Stellplätze: www.steigerwaldtourismus.com/gastgeber/camping

■ ZWEITGRÖSSTER NATURPARK HESSENS

Taunus-Informationszentrum
Hohemarkstraße 192
61440 Oberursel
Tel.: 06171/50780
www.naturpark-taunus.de

Fläche in km²: 1.350
Gegründet: 1962
Geografische Lage: 30 km nordwestlich von Frankfurt
Das gibt's: Hochtaunus mit Taunus-
hauptkamm und Großem Feldberg,
Vordertaunus, bewaldetes Mittelgebirge, Felsklippen, viele Aussichtstürme
Erlebnis: Wandern, Radeln, Mountainbike, Klettern, diverse Kultur-
schätze besuchen, etwa Kirchenruine
„Unsere liebe Frau zum Landstein"
und Burg Eppstein

JUGEND-ZELTPLÄTZE

Parkplatz am Taunus-Info-Zentrum

Alfred-Lechler-Straße
61440 Oberursel
Tel.: 06171/50780
www.oberursel.de

Stellflächen auf dem Parkplatz

GPS: 50°12'55.00"N/8°32'10.00"E

Platz: ⓟ 🚐 = 5 auf Pflaster. 🐕. Aufenthalt max. 3
Tage, Gasflaschentausch im Toom-Baumarkt
im Gewerbegebiet (An den drei Hasen), Entsor-
gung an der Kläranlage Oberursel (Hinter der
Krebsmühle 1). Ganzjährig geöffnet.
Preis: 7 € inkl. aller Personen.
Distanz: 🚏, Ⓗ 0,2 km, 🛒 0,5 km, 🏊 4 km.
Gastro: Warme Küche 9:30-21:00 Uhr, Frühstück.
Freizeit: ≈ 2,5 km, 🏞 2,5 km, 🚴 0,1 km. E-Bike Verleih
im Informationszentrum, Radfahren, Naturpark
Taunus/Hohemark.

POI: Altstadt 4 km, Opel-Zoo 6 km, Feldberg 11 km,
Saalburg 12 km.
Anfahrt: A5 bis Autobahnkreuz Bad Homburg, A661
→ Oberursel, weiter auf der B455, Ausfahrt
Oberursel-Hohemark.
Kontakt: Taunus-Informationszentrum, ☎ 06171/50780,
info@oberursel.de, www.oberursel.de
Weitere Stellplätze (siehe auch www.bordatlas.de):
Taunus MobilCamp Altweilnau, Egertshammer, 61276
Weilrod-Altweilnau, Tel.: 0271/8707499,
www.taunus-mobilcamp.de

WILDE NATUR UND SANFTER TOURISMUS

Schutzstation Wattenmeer Pellworm
Klostermitteldeich 14
25849 Pellworm
Tel.: 04844/760
**www.nationalpark-wattenmeer.
de/sh/biosphaerenreservat**

Fläche in km²: 4.431
Gegründet/erweitert: 1990/2021
Geografische Lage: In Schleswig-
Holstein, von der dänischen Grenze
bis zur Elbmündung, Pellworm ab
2021, Landschaftsraum: Watten, In-
seln und Marschen
Das gibt's: Wattenmeer nördlich
der Elbmündung bis zur dänischen
Grenze samt den Halligen und den
Nordfriesischen Inseln
Erlebnis: Wattwandern, Radeln,
Kutschfahrten, Schwimmen

INTERNATIONALE WATTENMEERSCHULE

Wattenmeercamping Pellworm

Klostermitteldeich 14
25849 Pellworm
Tel.: 04844/7899679
www.campingplatz.seegatten.de

*Kleiner Übernachtungsplatz, 5 Gehminuten
vom Nationalpark Wattenmeer entfernt*

GPS: 54°31'2.00"N/8°35'41.00"E

Platz: 🚐/🚗🚐 = 12 auf Schotter. ♿ 🐕 🛷 = 12
(10 A) 🔌 WC CHEM GRAU 📶 ⚓ 🛶 🐾. Wasch-
maschine, Aufenthaltsraum. R Leinenpflicht
für Hunde. Bei längeren Fahrzeugen anfragen.
Geöffnet: Mitte März-Oktober.
Preis: 20 € inkl. Wasser, Entsorgung, Dusche, WC,
Müll-Entsorgung, WLAN. Jede weitere Person
4 €, Kind (4-14 J.) 3 €, Strom 0,40 €/ kWh,
Hund 1,50 €.
Distanz: Ⓗ, 🚉 0,3 km, 🛒 5 km, 🏖 7 km.
Gastro: Brötchen- und Frühstücksservice, Imbiss.

Freizeit: 🏖 7 km, 🚲 4,6 km. Wattwandern, Wattreiten,
Minigolf, Badestrand 0,3 km.
POI: NLP Schleswig-Holsteinisches Wattenmeer
0,1 km, Rungholtmuseum 3 km.
Anfahrt: A23 Hamburg → Heide, B5 nach Husum. Kurz
nach Husum zum Fähranleger Strucklahnungs-
hörn auf Nordstrand. Überfahrt mit der Fähre
"Pellworm I" in 5 Minuten.
Kontakt: Wattenmeercamping-Pellworm,
☎ 04844/789967, campingplatz@
seegatten.de, www.campingplatz.seegatten.de

■ LAND DER BURGEN, HÖHLEN, FELSEN UND TÄLER

Naturpark-Geschäftsstelle
und Tourismusbüro Pottenstein
Forchheimer Straße 1
91278 Pottenstein
Tel.: 09243/70841
www.fsvf.de, www.pottenstein.de

Fläche in km²: 2.300
Gegründet/erweitert: 1968/2018
Geografische Lage: Im Norden
Bayerns, im Herzen von Franken und
in der Oberpfalz
Das gibt's: Hauptfluss Wiesent, Vel-
densteiner Forst, eines der größten
Waldgebiete Bayerns, Oberes Maintal,
Hersbrucker Alb und Oberpfälzer Jura
Erlebnis: Wandern, Radeln, Klettern,
Kanu fahren, Aussichtspunkte und
-türme besuchen

SECHS VON 2.000 HÖHLEN ALS SCHAU-HÖHLEN ERSCHLOSSEN

Wohnmobilpark Pottenstein

Am Langen Berg 8
91278 Pottenstein
Tel.: 09242/1788
www.wohnmobilpark-pottenstein.de

Erweiterter Reisemobilplatz in Hochlage über Pottenstein

GPS: 49°45'47.00"N/11°24'31.00"E

Platz: 🅿 🚐 = 25 auf Schotterrasen. 🐕 ➡ = 16 (16 A) ⚗ GRAU. Nur Fahrzeuge mit eigener Toilette. Ganzjährig geöffnet.
Preis: 10 € inkl. aller Personen, Müll-Entsorgung. Strom 1 €/kWh, Wasser 1 €/80 l, Entsorgung 1 €. Grauwasser-Entsorgung gratis.
Distanz: 🛒 0,2 km, Ⓗ 0,5 km, 🏠 0,8 km, 🚉 1 km.
Freizeit: ≈ 6 km, 🏊 1 km, 🚴 1 km. Golfplatz Bären- rough € 0,5 km, Sommerrodelbahn 0,6 km, Bootsverleih am Schöngrundsee 3 km.
POI: Teufelshöhle 3 km, Tüchersfeld mit Museum

Fränkische Schweiz 5 km, Basilika und Burg in Gößweinstein 6 km.
Anfahrt: Am Rande des Gewerbegebietes.
Kontakt: Spätling-Failner GbR, ☎ 09242/1788, info@campingplatz-fraenkische-schweiz.de, www.wohnmobilpark-pottenstein.de
Weitere Stellplätze (siehe auch www.bordatlas.de):
Brauereienweg – Stellplatz Hochstahl, Hochstahl 24, 91347 Aufseß, Tel.: 09204/271, www.reichold.de
Wanderparkplatz Thurnau, Jägerstraße, 95349 Thurnau, Tel.: 09228/95136, www.thurnau.de

EIFEL – LUST AUF NATUR

Naturparkzentrum Prümer Land
Tiergartenstraße 70
54595 Prüm
Tel.: 06551/985755
www.naturpark-eifel.de

Fläche in km²: 2.700 gesamt, davon
2.060 in Deutschland
Gegründet/erweitert: 1960/1971
Geografische Lage: In Nordrhein-
Westfalen, Rheinland-Pfalz und
Ostbelgien
Das gibt's: Grenzübergreifend:
Hochmoor im belgischen Hohen
Venn, Flüsse, Bäche sowie 15 Seen
und Talsperren, Artenvielfalt in der
Kalkeifel, weite und bewaldete Berg-
höhen der Hocheifel und Ausläufer
der Vulkaneifel
Erlebnis: Wandern, Radeln, Moun-
tainbike, Naturparkführungen

NATURPARK-KITA UND -SCHULE

Stellplatz Prüm

Gerberweg
54595 Prüm
Tel.: 06551/6410
www.stadtpruem.de

*Am Ausstellungsgelände in Stadtrandlage
zwischen Prüm und Niederprüm*

GPS: 50°12'9.00"N/6°25'16.00"E

Platz:	P 🚐 = 12 auf Asphalt. ♿ 🐕 ➡ ⚓ CHEM GRAU. Nachts beleuchtet, Trinkwasserschlauch mitführen. Ganzjährig geöffnet.
Preis:	8 € inkl. Entsorgung. Strom 0,50 €/1 kWh, Wasser 1 €/80 l.
Distanz:	Ⓗ 0,1 km, 🛒 0,1 km, 🏊 0,5 km.
Kontakt:	Stadt Prüm, ☎ 06551/6410, stadt@pruem.de, www.stadtpruem.de

Weitere Stellplätze (siehe auch www.bordatlas.de):
Wohnmobilhafen in der Eifelgemeinde Nettersheim,
Urftstraße, 53947 Nettersheim/Eifel, Tel.: 02486/1246,
www.wohnmobilstellplatz.de

Parkplatz an der Weiherhalle, Koblenzer Straße, 53945
Blankenheim, Tel.: 02449/87222, www.blankenheim.de

Wohnmobilstellplatz Monschau, Biesweg, 52156
Monschau, Tel.: 02472/80480, www.monschau.de

■ VIELFALT ENTDECKEN UND NATUR ERLEBEN

Tourist-Info im Naturparkhaus,
Tiergarten Schloss Raesfeld
Tiergarten 1
46348 Raesfeld
Tel.: 02865/60910
www.naturpark-hohe-mark.de

Fläche in km²: 1.978
Gegründet: 1963
Geografische Lage: Zwischen Münsterland, Niederrhein und Ruhrgebiet
Das gibt's: Eiszeitliches Hügelland aus Sandstein, bewaldeter Höhenzug, Hecken, Baumgruppen und Heide, Tieflandflächen als Rückzugsgebiet für heimische Wildtiere
Erlebnis: Wandern, Radeln, Tiefseilgarten für kleinere Kinder, Entdeckertouren mit Naturparkführern

MEHRERE KLETTERGÄRTEN

Stellplatz Graf Alexander

Parkplatz am Südring
46348 Raesfeld
Tel.: 02865/60910
www.raesfeld.de

Am historischen Wasserschloss Raesfeld

GPS: 51°45'53.21"N/6°49'53.51"E

Platz: ⓟ 🚐 = 8 auf Schotterrasen. ♿ 🐕 🔌 = 8 (16 A) 🚿 WC CHEM GRAU . Aufenthalt max. 2 Nächte. Ganzjährig geöffnet.

Preis: 10 € inkl. aller Personen, Entsorgung, Dusche, WC, Müll-Entsorgung. Strom 1 €/12 h, Wasser 1 €/8 min.

Distanz: Ⓗ 0,5 km, 🛒 0,5 km, 🏠 0,5 km, 🚉 0,5 km.

Freizeit: 🚲 0,2 km. Ritteressen, Krimi- und Gangsterdinner im Schloss, Rundgang und Kornprobe in der Kornbrennerei "Die kleine Brennerei im Münsterland" (nach Voranmeldung).

POI: Museum am Schloss mit Ausstellung Raesfeld 1939-1945, Schlosskapelle, Wasserschloss Raesfeld 0,2 km, Pfarrkirche Raesfeld 1 km, 1.500-jährige Femeiche in Erle 4 km.

Anfahrt: Über die B70 (Wesel-Norden) und B224 (Raesfeld-Solingen).

Kontakt: Tourist-Info im Naturparkhaus, ☎ 02865/60910, touristinfo@raesfeld.de, www.raesfeld.de

Weitere Stellplätze (siehe auch www.bordatlas.de):
Biotopwildpark Anholter Schweiz, Pferdehorster Str. 1, 46419 Isselburg-Vehlingen, www.anholter-schweiz.de

◼ ANFASSEN, ERLEBEN UND MITMACHEN

Naturparkzentrum des Rheinlands
Himmeroder Wall 6
53359 Rheinbach
Tel.: 02226/2343
www.naturpark-rheinland.de

Fläche in km²: 1.000
Gegründet: 1978
Geografische Lage: In Nordrhein-Westfalen, unmittelbar vor den Toren von Köln und Bonn
Das gibt's: Wälder, Flüsse, Seen und hügelige Vulkane, ebene Agrarlandschaft und idyllische Dörfer
Erlebnis: Wandern, Radeln, Baden und Wassersport, Schlösser und Burgen, Gärten und Mühlen besuchen

33 KILOMETER LANGE FEUERROUTE

Stellplatz am Freizeitpark

Münstereifeler Straße
53359 Rheinbach
Tel.: 02226/9170
www.rheinbach.de

Auf dem Parkplatz des Freizeitparks, nahe dem Erlebnisbad monte mare

GPS: 50°37'20.63"N/6°55'59.88"E

Platz: 🚐 = 4 auf Rasengittersteine. 🐕 🐎 ☁. Aufenthalt max. 3 Tage. Ganzjährig geöffnet.
Preis: Übernachtung gratis.
Distanz: ➡➡ , weitere Restaurants in 0,3 km, Ⓗ 0,1 km, 🛒 1,4 km, 🛒 1,4 km.
Freizeit: ☁ 0,2 km. Reiten, Spiel- und Rodelberg im Freizeitpark, Minigolf, Freizeitbad monte mare mit Wellenbad, Whirlpool, Rutschen, Sauna sowie Wellness- und Beautybereich.
POI: Naturparkzentrum des Rheinlands 1,3 km, Glas-/Kutschenmuseum, Rheinbacher Burg mit

Hexenturm im mittelalterlichen Stadtkern 2 km.
Anfahrt: A61 bis Rheinbach, über B266 die Stadt nördlich im Halbkreis umfahren, am Kreisverkehr geradeaus, Beschilderung monte mare folgen.
Kontakt: Stadt Rheinbach, ☎ 02226/9170, infothek@stadt-rheinbach.de, www.rheinbach.de
Weitere Stellplätze (siehe auch www.bordatlas.de):
Wohnmobilhafen Seepark Zülpich, Am Wassersportsee, 53909 Zülpich, www.anholter-schweiz.de
Mehr Stellplätze: www.rhein-erft-tourismus.de

■ KLEINSTER NATURPARK DEUTSCHLANDS

Tourismus Siebengebirge
Drachenfelsstraße 51
53639 Königswinter
Tel.: 02223/917711
www.naturpark7gebirge.de,
www.siebengebirge.com

Fläche in km²: 112
Gegründet: 1958
Geografische Lage: In Nordrhein-Westfalen, südöstlich von Bonn
Das gibt's: Mehr als 40 bewaldete Gipfel mit den Bergen Drachenfels, Wolkenburg, Petersberg, Nonnenstromberg, Lohrberg, Löwenburg und Großer Oelberg, viele Bäche und Flüsse
Erlebnis: Wandern, Radeln, Rund- und Themenwanderwege, Reiten, Grillhütten

BEETHOVEN-WANDERWEG

Stellplatz Siebengebirgsblick

Rolandsecker Weg 8
53619 Rheinbreitbach
Tel.: 02224/7796227
www.stellplatz.chrenko.de

In Ortsrandlage im Naturschutzgebiet Siebengebirge

GPS: 50°37'20.37"N/7°13'38.54"E

Platz: ⓅᎧ/🚐 = 14 auf Wiese, Schotter. ♿ 🐕 ⚡= 12 (16 A) 🔧 CHEM GRAU ♨ ⚓. Aufenthalt unbegrenzt, Platz ist beleuchtet. Ganzjährig geöffnet.

Preis: 8 € inkl. Entsorgung, Müll-Entsorgung. Strom 1 €/2 kWh, Wasser 1 €/90 l.

Distanz: Ⓗ 0,1 km, 🛒 0,3 km, 🏖 0,3 km, 🚉 0,3 km.

Gastro: Burghotel "Ad Sion", Restaurant "Haus Bergblick" in Rheinbreitbach.

Freizeit: 🏠 2 km. Wandern durchs Siebengebirge, Rheintal u. Rheinsteig, Kasbachtalbahn 8 km.

POI: Altstadt Unkel/Rhein 2,5 km, Konrad-Adenauer-Haus 4 km, Königswinter mit Drachenfels, Sea-Life und Seilbahn zum Drachenfels 5 km.

Anfahrt: B42 Königswinter, Bad Honnef Ausfahrt Rheinbreitbach. B42 Linz, Unkel, Ausfahrt Rheinbreitbach, Zufahrt Rolandsecker Weg. A3 Ausfahrt Bad Honnef, links ab 2 km → Rheinbreitbach.

Kontakt: Helmut Chrenko, ☎ 02224/7796227, Mobil: 01573/1051253, info@stellplatz.chrenko.de, www.stellplatz.chrenko.de

Weitere Stellplätze: www.siebengebirge.com

LAND DER WÄLDER UND GLASKLAREN SEEN

Naturparkhaus Stechlin
Kirchstraße 4
16775 Stechlin-Menz
Tel.: 033082/51210
**www.stechlin-ruppiner-
land-naturpark.de**

Fläche in km²: 680
Gegründet: 2001
Geografische Lage: Im Norden
Brandenburgs zwischen Fürstenberg/
Havel, Gransee, Neuruppin und Witt-
stock/Dosse
Das gibt's: Wald, 180 Seen, Moore,
Lebensraum für seltene und scheue
Tiere wie Fischotter, Biber und Wolf
Erlebnis: Wandern, Radeln, Rund-
wege, Naturerlebnispfad, Erlebnis-
touren mit Kutsche und Planwagen

FERIEN AUF
DEM PFERDEHOF

Wohnmobilstellplatz Rheinsberg

Rudolf-Breitscheid-Straße 1
16831 Rheinsberg
Tel.: 033931/80180
www.werbe-medien.com

Sehr ruhige Lage im Zentrum

GPS: 53°6'0.16"N/12°53'48.69"E

Platz: P 🚐/🚗🚐 =15 auf Asphalt, Wiese,
Naturboden, Schotterrasen. 🐕 ♿ CHEM GRAU
📶 ⚓ ≈. Sitzgruppe im Grünen zum Grillen
und Feuerkorb. Anfahrt 24 h. Leinenpflicht für
Hunde. Ganzjährig geöffnet.
Preis: 11 € inkl. Entsorgung, WLAN. Strom 3 €/Tag.
Kurzparken von 10:00-20:00 Uhr 5 €.
Distanz: 🛒 0,1 km.
Gastro: Junger Fritz Rheinsberg, Schloßstraße 8.
POI: Naturparkhaus in Stechlin-Menz 11,2 km.

Kontakt: WMC Werbe-Medien e.K., Daniel Conrad,
☎ 033931/80180,
wohnmobilstellplatz.rheinsberg@gmail.com,
www.werbe-medien.com

Weitere Stellplätze (siehe auch www.bordatlas.de):
Ferienhof Altglobsow, Seestraße 11b, 16775 Groß-
woltersdorf-Altglobsow, Tel.: 033082/50250,
www.ferienhof-altglobsow.de

■ LEBEN AN WILDEN UFERN

Besucherzentrum Rühstädt – NABU
Weißstorchausstellung
Neuhaus 9
19322 Rühstädt
Tel.: 038791/806555
**www.elbe-brandenburg-biosphaerenreservat.de,
www.besucherzentrum-ruehstaedt.de**

Fläche in km²: 530
Gegründet/erweitert: 1997/1999
Geografische Lage: In Brandenburg,
von Sachsen-Anhalt bis kurz vor Dö-
mitz (Meck-Pomm), Teil des Biosphä-
renreservates Flusslandschaft Elbe
Das gibt's: 70 Kilometer lange Teilre-
gion der Mittelelbe, flache bis wellige
Ufer mit Sandstrand und Auen, Wald
Erlebnis: Wandern, Pilgern, Radeln,
Wassersport, Kanu fahren, Angeln

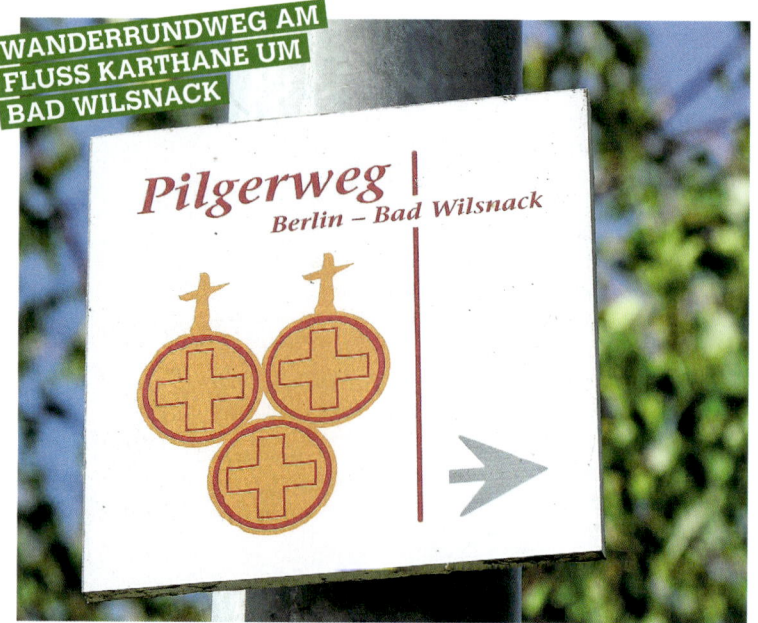

Parkplatz im Storchendorf

Neuhausstraße 9
19322 Rühstädt
Tel.: 038791/98024
www.reisemobil-landschaft-prignitz.de

*Im Europäischen Storchendorf, am Besucherzentrum
des UNESCO-Biosphärenreservates*

GPS: 52°55'3.28"N/11°52'13.19"E

Platz: 🅿 🚐 = 7 auf Rasengittersteine. 🐕. Informa-
tion zur Natur, der Region und dem Storchen-
dorf. NABU-Besucherzentrum ist von April-
Oktober Dienstag-Sonntag 10:00-18:00 Uhr;
September-Oktober 10:00-16:00 Uhr geöffnet,
montags geschlossen, in der NS auf Anfrage.
Ganzjährig geöffnet.
Preis: Übernachtung gratis.
Distanz: 🏖 , Ⓗ 0,3 km, 🍴 0,4 km, 🛒 0,5 km.
Freizeit: 🚲 0,5 km, Besichtigungen.
POI: Weißstorch-Besucherzentrum mit Ausstellung

0,3 km, Stadt Wittenberge 15 km.
Anfahrt: B5 (Berlin-Hamburg) bis Kletzke oder B107
(Havelberg-Pritzwalk) bis zur Kreuzung auf B5
weiter → Kletzke. Von dort über Bad Wilsnack,
Legde, Abbendorf, Gnevsdorf nach Rühstädt.
Kontakt: ☎ 038791/98024, ruehstaedt@naturwacht.de,
www.reisemobil-landschaft-prignitz.de
Weitere Stellplätze (siehe auch www.bordatlas.de):
Stellplatz Burg Plattenburg, Auf der Burg 1,
19339 Plattenburg, Tel.: 038791/56822.

Mehr Stellplätze: www.reiseland-brandenburg.de

■ WO DER THÜRINGER WALD BLAU IST

Naturpark-Haus
Wurzbacher Straße 16
07338 Leutenberg
Tel.: 0361/573925090
www.thueringer-schiefergebirge-obere-saale.de

Fläche in km²: 830
Gegründet: 1990
Geografische Lage: In Ostthüringen, südlich der Kreisstadt Saalfeld und im Stauseegebiet der Saale
Das gibt's: Bewaldetes Mittelgebirge, Teil des Grünen Bandes und des Geoparks Schieferland, Bleiloch- und Hohenwarte-Stausee, Plothener Teichgebiet
Erlebnis: Wandern, Radeln, Mountainbike, Themenwege, Rennsteig, Geocaching, Wintersport

FLEDERMAUS-RUCKSACK ZUM AUSLEIHEN

NATIONALER GEOPARK

Saalfelder Feengrotten

Feengrottenweg 2
07318 Saalfeld/Saale
Tel.: 03671/55040
www.feengrotten.de

An den Schaugrotten direkt am Wald

GPS: 50°38'6.13"N/11°20'29.08"E

Platz: Ⓟ 🚐/🚗🚐 = 10 auf Pflaster. 🐕 ➡️= 12 (16 A) ⚡ WC CHEM GRAU 🚻. Schräge Stellflächen, beleuchtet. Ganzjährig geöffnet.

Preis: 10 €. Strom 0,50 €/kWh, Wasser 1 €/60 l, Entsorgung 1 €, Dusche 1 €/4 min, WC 0,50 €, Kurtaxe 2 €, Kind 1 €. Bezahlung Montag-Freitag im Quellenhaus, Samstag, Sonntag und Feiertag an der Tageskasse. Saalfeld-Card inklusive.

Distanz: Ⓗ, 🚉 0,2 km, 🛒 1 km, 🛍️ 2 km.

Gastro: Gasthaus und Bratwursthütte in der Nähe.

Freizeit: ≈ 3 km, 🏛️ 2,5 km, 🚲 2 km. Schaubergwerk

Saalfelder Feengrotten/Feengrottenpark, Erlebnismuseum Grottoneum, Bergbau/Walderlebnispfad 0,3 km, Saale-Radweg 4 km.

POI: Burg Greifenstein Bad Blankenburg, Heidecksburg Rudolstadt, Saalfeld 1 km, Burgruine Hoher Schwarm 2 km, Hohenwartestausee 10 km.

Anfahrt: Über A4, A9 oder A71, innerorts der Beschilderung Feengrotten folgen.

Kontakt: Saalfelder Feengrotten & Tourismus GmbH, ☎ 03671/55040, kundenservice@feengrotten.de, www.feengrotten.de

■ SAGENUMWOBENE BERGWILDNIS

Nationalparkhaus
Erzwäsche 1
37444 Sankt Andreasberg
Tel.: 05582/923074
www.nationalpark-harz.de

Fläche in km²: 247
Gegründet/erweitert: 1990/
1994, 2006 (Fusion)
Geografische Lage: Umfasst den
Harz in den drei Bundesländern
Niedersachsen, Sachsen-Anhalt und
Thüringen
Das gibt's: Weite Wälder, Deutsch-
lands nördlichstes Mttelgebirge,
Flüsse, Bäche, Talsperren, Ausstellung
und Erlebniskino zur Kultur und Natur
des Harzes
Erlebnis: Wandern, Radeln, Klettern,
Klettergärten, mit dem Ranger un-
terwegs

BESUCHERBERGWERK GRUBE SAMSON

NATIONALER GEOPARK

Stellplatz An der Grube Samson

Am Samson 4
37444 Sankt Andreasberg
Tel.: 05582/80336
www.braunlage.de

Naturbelassener Stellplatz hinter dem Museum

GPS: 51°42'47.91"N/10°31'0.89"E

Platz: 🅿 🚐 = 20 auf Schotter. ♿ 🐕 ➡= 20 (6 A)
⚓ WC CHEM GRAU 🛒. Sanitärgebäude 100 m
entfernt. Ganzjährig geöffnet.
Preis: 15,90 € inkl. aller Personen, Strom, Wasser,
Entsorgung, WC, Müll-Entsorgung, Kurtaxe.
Distanz: Ⓗ 0,6 km, 🛏 0,7 km, 🛒 0,8 km, 🚏 1 km.
Freizeit: 🚴 0,5 km. Grubenmuseum, Klettern im Oker-
tal, Rodeln, Floßfahrten auf der Odertalsperre,
Sommerrodelbahn, Hochseilgarten 0,3 km.
POI: UNESCO Weltkulturerbe Grube Samson mit
Kanarienmuseum, Nationalparkhaus 0,5 km.

Anfahrt: A7 Ausfahrt Seesen, B243 bis Herzberg, über
Sieber nach St. Andreasberg. A44 bis Kreuz
Kassel, über A7 → Hannover zur Ausfahrt
Göttingen-Nord, B27 bis Herzberg, über Sieber
nach St. Andreasberg.
Kontakt: Tourist-Information Sankt Andreasberg,
☎ 05582/80336, tourist-info@
sanktandreasberg.de, www.braunlage.de
Weitere Stellplätze (siehe auch www.bordatlas.de):
Wohnmobilstellplatz Ilsetal, Ilsetal 16a, 38871 Ilsenburg/
Harz, Tel.: 01525/3210757, www.wanderlust-ilsetal.de

IM LAND DER MAARE UND VULKANE

Gesundland Tourist-Information
Leopoldstraße 29
54550 Daun
Tel.: 06592/951370
www.geopark-vulkaneifel.de,
www.gesundland-vulkaneifel.de

Fläche in km²: 970
Gegründet: 2010
Geografische Lage: In Rheinland-
Pfalz, zwischen Bad Bertrich und
Ormont an der Belgischen Grenze
Das gibt's: Bewaldetes Mittelge-
birge, erloschene Vulkane, Maare,
Natur- und Geopark
Erlebnis: Wandern, Radeln, Moun-
tainbike, Themenwege, Geologie
erleben, unterwegs mit Guides

MITTELALTERLICHER STOLLEN VERBINDET UNTERIRDISCH ZWEI MAARE

NATIONALER GEOPARK

Wohnmobilpark Vulkaneifel

Wohnmobilplatz
54552 Schalkenmehren
Tel.: 06592/6159780
www.wohnmobilpark-vulkaneifel.de

In der Eifel, unweit des Dorfes Schalkenmehren,
am Maare-Mosel-Radweg

GPS: 50°10'10.08"N/6°52'16.65"E

Platz:	P 🚐 = 35 auf Wiese, Pflaster, Schotterrasen. ♿ 🐕 ➡ ⚓ WC CHEM GRAU 📶. Anfahrt 24 h. Anmeldung über Kennzeichen am Terminal. Bezahlung ausschließlich über aufgeladene Zugangskarte. Ganzjährig geöffnet.
Preis:	12 € inkl. Entsorgung, WC, WLAN, Hund. Jede weitere Pers. 2 €, Kind (bis 14 J.) gratis, Strom 0,60 €/kWh, Wasser 1 €/100 l, Dusche 2 €/8 min.
Distanz:	🚌 0,8 km, 🛒 1 km, 🛒 1 km, Ⓗ 1 km.
Gastro:	Restaurants im Ort, Brötchenservice am Platz.
Freizeit:	≈ 1 km, 🏞 5 km. Maare-Mosel-Radweg,

Wanderwege, Mountain-Bike-Routen, Bade-
seen Schalkenmehrener Maar 0,8 km und Ge-
mündener Maar 6,4 km, Weinfelder 1,5 km.
POI: Wild- und Erlebnispark Daun 13,5 km.
Anfahrt: A1/A48 Ausfahrt Mehren, im Ort links nach
Schalkenmehren. Nach 1 km auf der rechten
Seite. Von Schalkenmehren → Mehren, durch
die alte Eisenbahnbrücke, nach 0,5 km links.
Kontakt: Heike Butzen, ☎ 06592/6159780,
info@wohnmobilpark-vulkaneifel.de,
www.wohnmobilpark-vulkaneifel.de

■ WALD, WASSER, WILDNIS

Nationalparkzentrum Eifel
Vogelsang 70
53937 Schleiden
Tel.: 02444/915740
www.nationalpark-eifel.de

Fläche in km²: 107,7
Gegründet: 2004
Geografische Lage: Erster National-
park in Nordrhein-Westfalen, liegt im
Naturpark Hohes Venn-Eifel
Das gibt's: Ausstellung „Wildnis(t)
räume", Stationen zum Ausprobieren
und Tüfteln
Erlebnis: Wandern, Radeln, Baden,
Natur erleben

INTERNATIONALER STERNENPARK

Eifel-Wohnmobilpark-Vogelsang

Vogelsang 40
53937 Schleiden
Tel.: 01577/1941065
www.eifel-wohnmobilpark-vogelsang.de

Im Nationalpark Eifel auf der Dreiborner Hochebene

GPS: 50°34'46.23"N/6°26'41.65"E

Platz: P 🚐 = 50 auf Schotter. 🐕 ⚓ CHEM GRAU. R
nur bei Gruppen. Anfahrt über Schranken-
anlage, Platzwart tauscht Ticket gegen Aus-
fahrkarte. Ganzjährig geöffnet.
Preis: 10 € inkl. Wasser, Entsorgung. Kurtaxe 1 €,
Kurtaxe (14-18 J.) 0,50 €.
Distanz: Ⓗ 0,3 km, 🚏 , 🏠 9 km, 🛒 9 km.
Freizeit: 🏠 0,5 km. Nationalpark Eifel und Eifelsteig,
Kutschfahrten, E-Bike-Ladestation am Forum,
Rotwildaussichtsplattform 3 km, Schifffahrt,
Segeln, Rudern auf der Talsperre Rursee 4 km.

POI: Astronomiewerkstatt mit Sternenpark, Museen,
ehemalige Ordensburg 0,3 km, Wollseifen 3 km.
Anfahrt: B266 am Kreisverkehr zwischen Einruhr und
Gemünd abfahren.
Kontakt: Petra Aust, ☎ 01577/1941065,
wohnmobilpark-vogelsang@mail.de,
www.eifel-wohnmobilpark-vogelsang.de
Weitere Stellplätze (siehe auch www.bordatlas.de):
Wohnmobilhafen am Nationalpark Eifel, Pfarrer-
Kneipp-Straße, 53937 Schleiden-Gemünd,
www.womo-nationalpark-eifel.eu

■ 800 JAHRE BERGBAUGESCHICHTE

Naturpark Erzgebirge/Vogtland
Schloßplatz 8
09487 Schlettau
Tel.: 03733/622106
**www.naturpark-
erzgebirge-vogtland.de**

Fläche in km²: 1.495
Gegründet: 1996
Geografische Lage: Im Südwesten
Sachsens, entlang der sächsisch-
böhmischen Grenze zwischen Bad
Elster (Vogtland) und Holzhau (Ost-
erzgebirge)
Das gibt's: Reizvolle Mittelgebirgs-
landschaft mit Wäldern, Bergwiesen,
Moor, Natur- und Bergbaulehrpfade
Erlebnis: Wandern, Radeln, Reiten,
Skilanglauf

SCHAUBERGWERKE

Stellplatz an der Freizeitanlage

Hermannsdorfer Weg 27
09487 Schlettau
Tel.: 03733/68070
www.schlettau.de
Auf dem ruhig gelegenen Parkplatz am Naturweiher

GPS: 50°33'58.00"N/12°56'54.00"E

Platz: ⊞ = 3 auf Rasengittersteine. ♿ 🐕 🏕.
Ganzjährig geöffnet.
Preis: 5 €. Im Winter kostenfrei.
Distanz: Ⓗ 1 km, 🏖 1 km, 🚉 1,3 km, 🛒 1,7 km.
Gastro: Im Sommer Imbiss am Platz.
Freizeit: Radfahren, Wandern.
POI: Schloss Schlettau 1 km, Parkanlage 1 km.
Anfahrt: B101 Annaberg-Buchholz, am Markt rechts ab-
biegen, den Schildern Freizeitanlage folgen.
Kontakt: Stadt Schlettau, ☎ 03733/68070,
stadt@schlettau.de, www.schlettau.de

Weitere Stellplätze (siehe auch www.bordatlas.de):
Wohnmobilstellplatz Annaberg-Buchholz, Parkstraße
21A, 09456 Annaberg-Buchholz, Tel. 03733/19433,
www.annaberg-buchholz.de

Freibad Bad Brambach, Forststraße 10, 08648 Bad
Brambach, Tel. 037438/20700, www.badbrambach.de

Erzgebirgscamp Neuclausnitz, Hauptstraße 25,
09623 Rechenberg-Bienenmühle, Tel. 037327/830690,
www.erzgebirgscamp.de

Mehr Stellplätze: www.erzgebirge-tourismus.de

79677 Schönau im Schwarzwald / BSG Schwarzwald

■ ALLMENDWEIDEN UND BERGMISCHWÄLDER

Biosphärengebiet Schwarzwald
Brand 24
79677 Schönau im Schwarzwald
Tel.: 07673/8894024370
www.biosphaerengebiet-
schwarzwald.de

Fläche in km²: 630
Gegründet: 2017
Geografische Lage: In Baden-
Württemberg, im Südschwarzwald,
südwestdeutsches Mittelgebirgs-/
Stufenland und grünlandreiche Wald-
landschaften
Das gibt's: Grünlandreicher Wald,
struktur- und artenreiche Bergmisch-
wälder, Moore, Flüsse und Seen, Felsen und Blockhalden
Erlebnis: Wandern, Radeln, Mountainbike, Natur erleben und erkunden, Wintersport

KONUS-GÄSTEKARTE
FÜR FREIE FAHRT MIT
BUS UND BAHN

Stellplatz Schönau

Wiesenstraße 7
79677 Schönau im Schwarzwald
Tel.: 07671/962446
www.wohnmobil-stellplatz-schönau.de
Sehr ruhiger Platz am Stadtpark Buchenbrändle

GPS: 47°47'0.88"N/7°53'45.23"E

Platz: ☐ 🚐 = 3 auf Schotter, Wiese. ♿ 🐕 ➔ = 4
🚿 CHEM GRAU ⚓ ✉ ♿. Ganzjährig geöffnet.
Preis: 10 €. Kind (ab 17 J.) 2,20 €, Strom 3 €, Kurtaxe
2,20 €, Kind (5-16 J.) 1,10 €, VE 3 €. Bezahlung
über Parknow oder Paypal.
Distanz: 🛒 0,2 km, 🛍 0,3 km, Ⓗ 0,3 km, ⟫⟪ 0,3 km.
Freizeit: ≈ 0,5 km, 🚲 0,3 km. Kirchturmbesteigung,
geführte Wanderungen, Urwaldpfad 0,1 km,
Themenweg Gletscherschliff 0,5 km, Philoso-
phenweg 1,3 km, Aussichtsberg Belchen 10 km.
POI: Maria Himmelfahrt-Kirche 0,3 km, Bergkirche

1 km, Museumsbergwerk Finstergrund 8 km.
Anfahrt: B317 Titisee-Neustadt Todtnau → Lörrach, am
Ortsausgang von Schönau auf der linken Seite
am Rewe vorbei.
Kontakt: Manuela und Peter Keller, ☎ 07671/962446,
info@keller-wohnmobil.de,
www.wohnmobil-stellplatz-schönau.de
Weitere Stellplätze (siehe auch www.bordatlas.de):
Wohnmobilstellplatz Am Spitzenberg, Innerlehen/
Rathausstraße 18, 79872 Bernau im Schwarzwald,
Tel. 07675/160030, www.bernau-schwarzwald.de

■ IM HERZEN HESSENS

Naturpark Infozentrum Hoherodskopf
Am Vulkaneum 1
63679 Schotten
Tel.: 06044/9669330
www.vogelsberg-touristik.de,
www.erlebnisberg-
hoherodskopf.de

Fläche in km²: 880
Gegründet: 1957
Geografische Lage: In Mittelhessen,
im Dreieck Rhein-Main/Gießen/Fulda
Das gibt's: Vulkan Vogelsberg, Natio-
naler Geopark, sanfte Berge und Täler,
kleine Flüsse, weites, offenes Land,
Hochmoor
Erlebnis: Wandern, Pilgern, Nordic
Walking, Radeln, Mountainbike, Rei-
ten, Themenwege, Geologie erleben,
unterwegs mit Guides

GRÜNBERGER BRUNNENTAL

Stellplatz an der Taufsteinhütte

Am Hoherodskopf 2
63679 Schotten
www.taufsteinhuette.de

Am Premiumwanderweg Gipfeltour

GPS: 50°31'1.61"N/9°13'41.99"E

Platz:	🚐 = 2 auf Schotterrasen. 🐕 🚽 🚾 🐎. Duschen. Keine Stellplatzreservierung möglich. Ganzjährig geöffnet.
Preis:	15 € inkl. Strom.
Distanz:	🚆 0 km, 🥾 8,7 km, 🛒 8,9 km.
Gastro:	Restaurant Taufsteinhütte.
Freizeit:	Baumkronenpfad, Sommerrodelbahn, Adventure-Minigolf, Kletterwald Hoherods-kopf, Grünes Meer – Entdeckungswald Schloss Laubach, Wintersport-Skilift.
POI:	Vulkaneum – interaktive Erlebnisausstellung

mit zwölf Stationen, Naturpark-Infozentrum
Hoherodskopf 8,4 km.
Kontakt: Restaurant Taufsteinhütte, info@
taufsteinhuette.de, www.taufsteinhuette.de

Weitere Stellplätze (siehe auch www.bordatlas.de):
Reisemobilstellplatz Panoramablick, Erlenweg,
35327 Ulrichstein, Tel. 06645/961011, www.ulrichstein.de

Stellplatz Hochwaldhausen, Hindenburgstaße/Info-
Haus, 36355 Grebenhain, www.grebenhain.de

■ DEUTSCHLANDS EINZIGER AUEN-NATIONALPARK

Nationalparkhaus Criewen
Park 2
16303 Schwedt-Criewen
Tel.: 03332/2677201
**www.nationalpark-
unteres-odertal.eu**

Fläche in km²: 103,2
Gegründet: 1995
Geografische Lage: Am Unterlauf
der Oder im Nordosten Brandenburgs
in den Landkreisen Barnim und
Uckermark
Das gibt's: Ausstellung zum Anfas-
sen und Mitmachen, 13 Bereiche der
Natur, Multimediaschau
Erlebnis: Wandern, Radeln, Kanu
fahren

BEOBACHTUNGSTÜRME

Wassersportzentrum Schwedt

Regattastraße 3
16303 Schwedt/Oder
Tel.: 03332/836596
www.wassersport-schwedt.de

Am Sportboothafen

GPS: 53°3'28.00"N/14°17'56.00"E

Platz: 🅿 🚐 = 25, 🚗🚐 = 10 (< 15 m) auf Wiese. 🐕
🔌♨ WC CHEM 📶 ⚓ 🚿. 🅱 nur bei Gruppen.
Waschmaschine/Trockner. WLAN im Gebäude.
Anfahrt 17:00-21:00 Uhr. Ganzjährig geöffnet.
Preis: 15 € inkl. Strom, Wasser, Dusche, WC, Müll-
Entsorgung, WLAN. Bei längerem Aufenthalt
Stromversorgung über Zähler 0,40 €/kWh.
Distanz: 🍽, 🛒 0,4 km, 🅗 1 km, 🚆 3 km.
Freizeit: ≈ 4 km, 🏊 3 km, 🚴 1 km. Kanuverleih.
POI: Berlischky-Pavillon 1 km, Tabakmuseum 5 km,
Besucherzentrum Nationalpark Criewen 8 km.

Anfahrt: Autobahn-Dreieck Uckermark über B166 ins
Zentrum Schwedt, geradeaus → Polen, links
abbiegen auf B2 → Gartz/Oder, vor Lidl-Markt
rechts, der Ausschilderung folgen.
Kontakt: Wassersport PCK Schwedt, 📞 03332/836596,
Mobil: 01522/5914737,
begegnung@wassersport-schwedt.de,
www.wassersport-schwedt.de
Weitere Stellplätze (siehe auch www.bordatlas.de):
Caravanplatz „Am Kietz", Kietz 9, 16248 Lunow-
Stolzenhagen, Tel. 033365/70329.

■ VON DER EISZEIT GEPRÄGT

Granitzhaus – Informationszentrum
Biosphärenreservat Südost-Rügen
Jagdschloss Granitz 1
18609 Binz
Tel.: 038301/88290
**www.biosphaerenreservat-
suedostruegen.de**

Fläche in km²: 228
Gegründet: 1991
Geografische Lage: In Meck-Pomm,
Küste und Boddenküste mit späteis-
zeitlichen Inselkernen und Steilufern
Das gibt's: Eiszeitlich geprägte Mee-
reslandschaft mit Nehrungen, gro-
ßem Strand, Baaber Heide, Zickerniß-
Niederung und Bodden
Erlebnis: Wandern, Radeln, Vögel
beobachten, Boot fahren, Baden,
Angeln

AUDIO-TOUR
ZICKER BERGE

Reisemobilhafen Sellin

Kiefernweg 4 B
18586 Sellin/Ostseebad
Tel.: 038303/92770
www.reisemobilhafen-ruegen.de
*Auf einer Anhöhe in unmittelbarer Nähe
zu Ostsee und zum Ortskern*

GPS: 54°22'19.47"N/13°42'9.39"E

Platz:	🅿 🚐 = 50 auf Schotter, Wiese. 🐕 🔌 = 50 (16 A) 🚿 WC CHEM GRAU 📶 🔋. Leinenpflicht für Hunde. 🅱 Anfahrt 9:00-19:00 Uhr, Reservierung ab 7 Tage (5 € Gebühr). Geöffnet: 5.3.-5.1.
Preis:	28 € inkl. Strom, Entsorgung, WC, Müll-Entsorgung, WLAN. Jede weitere Pers. 3 €, Kind (7-17 J.) 2 €, Wasser 0,50 €/50 l, Dusche 0,50 €/2 min, Hund 1 €. Kurtaxe saisonabhängig, Pkw und Anhänger 5 €.
Distanz:	🏖 0,2 km, 🚆 0,2 km, 🛒 0,3 km, Ⓗ 0,3 km.
Gastro:	Brötchenservice.

Freizeit:	≋ 0,5 km, 🚲 0,5 km. Ostsee 0,5 km.
POI:	Schmalspurbahn „Rasender Roland" 0,2 km, Bernsteinmuseum 0,4 km, Seebrücke Sellin 1 km.
Anfahrt:	B96, über die neue Rügenbrücke bis Bergen, dort → Binz/Sellin.
Kontakt:	David Rüther, ☎ 038303/92770, info@reisemobilhafen-ruegen.de, www.reisemobilhafen-ruegen.de

Weitere Stellplätze (siehe auch www.bordatlas.de):
Wohnmobil-Oase Prora, Proraer Chaussee 60, 18609
Binz/Rügen, www.wohnmobilstellplatz-ruegen.de

■ STREUSANDBÜCHSE VOLLER EDELSTEINE

Besucherzentrum Burg Storkow
Schloßstraße 6
15859 Storkow/Mark
Tel.: 033678/73228
**www.dahme-heideseen-
naturpark.de**

Fläche in km²: 594
Gegründet: 1998
Geografische Lage: Südöstlich von
Berlin und Königswusterhausen
Das gibt's: Wald, Seen, Flüsse und
Offenland, 400 Meter lange Binnen-
düne bei Massow, Vogelschutzgebiet
Erlebnis: Wandern, Radeln, Vögel
beobachten, Naturlehrpfade, Kanu
fahren

FAHRGASTSCHIFFFAHRT

Altstadt-Parkplatz

Kirchstraße 1A
15859 Storkow (Mark)
Tel.: 033678/73108
www.storkow.de

*An der Storkower Schleuse am
Storkower Kanal in der Altstadt*

GPS: 52°15'29.06"N/13°55'54.10"E

Platz: 🅿 🚐/🚗🚐 = 5 auf Rasengittersteine. ♿
🐕 🐾=5 CHEM GRAU ⚓. Ganzjährig geöffnet.
Preis: 10 € inkl. Strom, Wasser, Entsorgung. Im Winter
(November-März) kein Wasser.
Distanz: 🛒 , 🍽 , 🛒 0,3 km, ⊕ 1 km.
Gastro: Mehrere Restaurants ab 0,3 km.
Freizeit: ≈ 1 km, 🚴 0,5 km. Badestelle 1 km.
POI: Markt und Altstadt 0,3 km, Burg Storkow 1 km.
Anfahrt: A12 Ausfahrt Storkow, L23 nach Storkow auf
der Burgstraße, rechts Heinrich-Heine-Straße,
nach dem Kanal wieder rechts.

Kontakt: Tourist-Information Storkow, ☎ 033678/73108,
tourismus@storkow.de, www.storkow.de

Weitere Stellplätze (siehe auch www.bordatlas.de):
Camping Halbinsel Raatsch, Halbinsel Raatsch 1,
115913 Märkische Heide-Alt Schadow, Tel.: 035473/600,
www.halbinsel-raatsch.de

Mehr Stellplätze: www.reiseland-brandenburg.de

■ KERNGEBIETE DES ELBSANDSTEINGEBIRGES

Nationalparkzentrum
Sächsische Schweiz
Dresdner Straße 2B
01814 Bad Schandau
Tel.: 035022/50240
www.nationalpark-saechsische-schweiz.de

Fläche in km²: 93,5
Gegründet: 1990
Geografische Lage: Rechtselbisch
bis nach Tschechien, zusammen mit
umliegendem, 1956 gegründetem
Landschaftsschutzgebiet
Das gibt's: Bizarre Felsformationen,
Elbwiesen, Dauer- und Wechsel-
ausstellungen, Multivisionsschau,
Experimentieren
Erlebnis: Wandern, Klettern, Radeln

ELDORADO FÜR SPORTKLETTERER

Camping-Stellplatz Struppen

Kirchberg 20
01796 Struppen
Tel.: 035020/179602
www.camping-stellplatz-struppen.de
In ruhiger Lage am Ortsrand mit Panoramablick

GPS: 50°56'17.60"N/14°0'47.91"E

Platz:	🅿 🚐/🚗🚐 = 30 auf Schotterrasen, Schotter. 🐕 🚏 = 30 (16 A) 🚿 CHEM GRAU 📶 🔥 🧺. Sanitärbereich im Winter geschlossen. Ganzjährig geöffnet.
Preis:	Ab 10 € inkl. Wasser, Entsorgung, Müll-Entsorgung, WLAN. Jede weitere Pers. 3 €, Kind (bis 2 J.) gratis, Strom 0,60 €/kWh, Dusche 1 €/4 min, Kurtaxe 0,75 €, Waschmaschine/Trockner je 3 €. 1.4.-31.10. 18 €, 1.11.-31.3. 10 €.
Distanz:	Ⓗ 0,3 km, 🏖 0,4 km, 🍴 1,5 km, 🛒 5 km.
Gastro:	Brötchenservice.

Freizeit:	≈ 3 km, 🏞 6 km, 🚴 5 km. Kletterwald 4 km, Freizeitpark, Bootsverleih und Dampferanlegestelle 5 km, Quadtouren 5 km.
POI:	Festung Königstein 4 km, Bastei 6 km.
Anfahrt:	A4 Autobahndreieck Dresden-West, A17 → Prag bis Ausfahrt Pirna, Autobahnzubringer bis B172 → Bad Schandau, vor Aral Tankstelle links → Struppen, im Ort der Beschilderung folgen.
Kontakt:	Markus Guhr, ☎ 035020/179602, info@camping-stellplatz-struppen.de, www.camping-stellplatz-struppen.de

■ WÄLDER, OFFENLAND UND STREUOBSTWIESEN

Biosphärenreservat
Karstlandschaft Südharz
Hallesche Straße 68a
06536 Südharz-Roßla
Tel.: 034651/298890
www.bioreskarstsuedharz.de

Fläche in km²: 300
Gegründet: 2009 ohne UNESCO
Geografische Lage: In Sachsen-Anhalt, zwischen den Mittelgebirgs-landschaften des Harzes sowie des südlich gelegenen Kyffhäusers, von Thüringen im Westen bis zur Einheits-gemeinde Stadt Allstedt im Osten
Das gibt's: Weite Buchenwälder und offenes Land mit Obstbäumen, hü-gelige Karstlandschaft, die zum Harz hin ansteigt
Erlebnis: Wandern, Radeln, Moun-tainbike, Geocaching, Reiten, Baden

SCHAUHÖHLE HEIMKEHLE

Parkplatz am Rittertor

Am Rittertor
06536 Südharz-Stolberg
Tel.: 034654/454
www.gemeinde-suedharz.de

Beim Parkplatz am Rittertor in ruhiger Ortsrandlage

GPS: 51°34'34.00"N/10°56'46.00"E

Platz: 🅿 🚐 = 5 auf Asphalt. 🐕 🚾. Bezahlung der Kurtaxe in der Tourist-Information (Niedergasse 17). Ganzjährig geöffnet.
Preis: Übernachtung gratis. Kurtaxe 2,20 €.
Distanz: 🏖 0,6 km, 🚂 0,6 km, 🛒 0,8 km, Ⓗ 1,4 km.
Gastro: Mehrere Restaurants im Ort.
Freizeit: 🏞 1,5 km, 🚲 1,5 km. Stadtführungen, Freizeitbad "Thyragrotte" 1,5 km.
POI: Stolberger Schloss 0,5 km, Rathaus, Stadtkirche 0,6 km, Josephskreuz Aussichtsturm 7,5 km.
Anfahrt: In Stolberg liegt der Platz am Ende der Ritter-

gasse. Vor dem Rittertor links abfahren.
Kontakt: Tourist-Information Stolberg, Niedergasse 17, Claudia Hacker, ☎ 034654/454, ti@rossla.de, www.gemeinde-suedharz.de

Weitere Stellplätze (siehe auch www.bordatlas.de):
Seecamping Kelbra, Lange Straße 150, 06537 Kelbra, Tel. 034651/45290, www.stausee-kelbra.de

Campingplatz Am Waldbad Grillenberg, Harzstraße 70, 06526 Sangerhausen-Grillenberg, Tel. 0346/4582309, www.grillenberg.de

■ GUT ZU FUSS AUF DEM RENNSTEIG

Informationszentrum Biosphärenreservat, Haus Am Hohen Stein in
Schmiedefeld am Rennsteig
Brunnenstraße 1
98528 Suhl
Tel.: 0361/573924622
**www.biosphaerenreservat-
thueringerwald.de**

Fläche in km²: 337
Gegründet: 1979
Geografische Lage: Im Thüringer
Wald zwischen Ilmenau, Oberhof,
Schleusingen, Suhl und Masserberg
Das gibt's: Ausgedehnte Wälder,
klare Bergbäche, blütenreiche Berg-
wiesen und Hochmoore in einem
der größten zusammenhängenden
Wälder Deutschlands
Erlebnis: Wandern, Radeln, Moun-
tainbike, Natur erleben, Wintersport

RENNSTEIG-BUS,
LINIE 421

Kulturzentrum Offenstall

Roter Crux
98711 Suhl-Vesser
Tel.: 036782/61300
www.vesser.de
Parkplatz im Biosphärenreservat Thüringer Wald

GPS: 50°35'52.22"N/10°47'36.37"E

Platz:	🅿 🚐/🚗🚐 = 3 auf Naturboden, Wiese, Rasengittersteine. ♿ 🐕 ⮕ ⛲ 🚾 ⚓ ✗ 🐎. Ganzjährig geöffnet.
Preis:	Übernachtung gratis. Strom 1 €, Wasser 1 €, Kurtaxe 2 €, Kind 1 €.
Distanz:	Ⓗ 0,1 km, ⭲⭳ 0,7 km, weitere Restaurants in 1 km, 🏠 1 km, 🛒 3 km.
Freizeit:	≋ 8 km, 🏠 15 km. Nordic-Fitness-Park, Mini-golf 1 km.
POI:	Herbert-Roth-Ausstellung mit Heimatstube 0,5 km, Naturschutzausstellung 0,5 km,

Fachwerkkirche 1 km, Besucherbergwerk
Schwarzer Crux 4 km.
Anfahrt: Von Suhl östlich nach Schmiedefeld, dann
rechts abbiegen nach Vesser.
Kontakt: Gemeinde Vesser, ☎ 036782/61300,
vesser-suhl@gmx.net, www.vesser.de

Weitere Stellplätze (siehe auch www.bordatlas.de):
Am Sportplatz, Sportplatzstraße, 98528 Suhl-Schmiede-
feld, Tel.: 036782/61324, www.schmiedefeld.de
Mehr Stellplätze: www.thueringer-wald.com

■ RUND UM DEN BERG DER FLIEGER

Naturpark Hessische Rhön
Marienstraße 13
36115 Hilders/Rhön
Tel.: 0661/60067800
**www.biosphaerenreservat-
rhoen.de**

Fläche in km²: 721
Gegründet/erweitert: 1962/1975
Geografische Lage: In Osthessen, an der Grenze zu Thüringen und Bayern
Das gibt's: Historisch gewachsene Kulturlandschaft mit weitem, offenem Gelände, viele Kuppen und Bergrücken, steile und sanfte Täler, waldfreie Hänge und Plateaus
Erlebnis: Wandern, Radeln, Wintersport, Gleitschirm- und Segelfliegen, zertifizierte Führungen

GESUNDHEITSTOURISMUS

Stellplatz Am Unsbach

Festplatz am Unsbach
36142 Tann/Rhön
Tel.: 06682/961111
www.tann-rhoen.de

Beim Festplatz, im Grünen

GPS: 50°38'30.00"N/10°1'5.00"E

Platz: 🅿 🚐 = 10 auf Schotterrasen, Schotter. ♿ 🐕 ➡🔌 = 8 (16 A) ⚓ CHEM GRAU. Aufenthalt max. 3 Tage. Ganzjährig geöffnet.

Preis: 6 € inkl. Entsorgung. Strom 1 €/6 h, Wasser 1 €/120 l. Bezahlung in Münzen oder mit EC-Karte am Automaten.

Distanz: 🛒 0,5 km, 🛒 0,5 km, Ⓗ 0,5 km, ⛟ 0,5 km.

Freizeit: ≈ 0,5 km, 🚲 0,5 km. Rhön-/Milseburgradweg.

POI: Museumsdorf, Tanner Schlossanlage, Stadttor und Kirche , Elf-Apostel-Haus, 0,3 km.

Anfahrt: B278 bis Tann, im Ort → Unsbach/Festplatz.

Kontakt: Tourist-Info Tann/Rhön, ☎ 06682/961111, tourist-info@tann-rhoen.de, www.tann-rhoen.de

Weitere Stellplätze (siehe auch www.bordatlas.de):
Freizeit-/Sportanlage an der Ulster,
Schleider Straße/Sportplatz, 36419 Geisa, Tel.: 036967/69115, www.geisa.de

Campingplatz Hochrhön, Schachen 13, 36129 Gersfeld-Schachen (Rhön), Tel.: 06654/7836, www.camping-hochrhoen.de

■ NÖRDLICHSTER NATURPARK BRANDENBURGS

Tourist-Information Templin
Am Markt 19
17268 Templin
Tel.: 03987/2631
**www.uckermaerkische-seen-
naturpark.de, www.templin.de**

Fläche in km²: 897
Gegründet: 1997
Geografische Lage: Nördlich von
Berlin, inmitten der Uckermark
Das gibt's: Von der Weichseleiszeit
geprägtes Relief mit sanften Wellen,
Rinnenseen, Söllen und Moore, dicht
bewaldet
Erlebnis: Wandern, Radeln, Wasser-
wandern, Boot fahren, Angeln

MEHR ALS
30 BRUTPAARE VON
FISCHADLERN

Stellplatz an der Naturtherme Templin

Dargersdorfer Straße 121
17268 Templin
Tel.: 03987/201310
www.naturthermetemplin.de

*Nahe zur Buchheide, dem Biosphärenreservat Schorfheide/
Chorin, dem Lübbesee und der Templiner Kurmeile*

GPS: 53°6'8.81"N/13°31'24.33"E

Platz:	🅿 🚐 = 50 auf Pflaster, Wiese, Schotter. ♿ 🐕 ➡ ⚓ WC CHEM GRAU 📶 🚿. R nur bei Gruppen. Anfahrt 9:00-21:00 Uhr. Ganzjährig geöffnet.
Preis:	12 € inkl. Müll-Entsorgung, WLAN. Jede weitere Pers. 2,50 €, Strom 0,50 €/kWh, Wasser 1 €/100 l, Entsorgung 2 €, Hund 3 €/ Nacht, Kurtaxe 1,50 €/Pers., Duschen in der Therme 2 €. Waschmaschine/Trockner je 2 €
Distanz:	🚏 0,1 km, weitere Restaurants ab 0,2 km, Ⓗ 0,5 km, 🛒 1,8 km, 🏖 3,5 km.
Gastro:	Restaurant an der NaturThermeTemplin 100 m,

Brötchenservice wird angeboten.
Freizeit: Lübbesee mit Badestrand/Bootsverleih 1 km.
POI: Buchheide und Biosphärenreservat Schorf-
heide/Chorin 0,3 km.
Kontakt: ☎ 03987/201310,
reservierung@naturthermetemplin.de,
www.naturthermetemplin.de
Weitere Stellplätze (siehe auch www.bordatlas.de):
Marina Alter Hafen im Ziegeleipark Mildenberg,
Ziegelei 11, 14792 Zehdenick, Tel.: 03307/420504,
www.marina-alter-hafen.de

■ NÖRDLICHSTES MITTELGEBIRGE DEUTSCHLANDS

Tourist-Information Friedrichsbrunn
Hauptstraße 118
06502 Thale-Friedrichsbrunn
Tel.: 039487/287
www.harzregion.de,
www.bodetal.de

Fläche in km²: 1.660
Gegründet: 2006
Geografische Lage: Unterharz,
Massiv des Rambergs und Teile des
Mansfelder Landes, im Osten bis ans
Grüne Band
Das gibt's: Ausgedehnte Wälder,
landwirtschaftlich genutzte Flächen,
tiefe Täler, Teufelsmauer, wilde Flüsse
und Bäche, Stauseen
Erlebnis: Wandern, Radeln, Klettern,
Schwimmen, Angeln

KLETTERGARTEN IN THALE

Wohnmobilstellplatz Bocksberg

Waldstraße 3a
06502 Thale-Friedrichsbrunn
Tel.: 0152/58388359
www.harzmobil.de

Am Ortsrand, im Naturpark Harz/Sachsen-Anhalt

GPS: 51°41'28.71"N/11°2'3.84"E

Platz: 🅿 🚐 = 35 auf Schotterrasen. ♿ 🐕 🚐 🚜
🚽 CHEM GRAU 📶 🚿. Leinenpflicht für Hunde,
Gasflaschentausch. ℞ Ganzjährig geöffnet.

Preis: 10 € inkl. Entsorgung, WLAN. Strom 0,60 €/kWh,
Wasser 1 €/100 l, WC 1,50 €/Tag, Kurtaxe HS 3 €,
Kinder (6-17 J.) 1,50 €, NS 2 €, Kind 1 €, VE für
Durchreisende 3 €. Barzahlung.

Distanz: 🚆 0,1 km, 🛒 0,2 km, 🏖 0,5 km.

Gastro: Café 0,1 km.

Freizeit: Wanderarena Bodetal, Kurpark 0,5 km, Lang-
laufarena Bodetal 1,5 km.

POI: Hexentanzplatz und Rosstrappe Thale 5 km,
Thale 7 km.

Kontakt: Unger und Schubert-Unger GbR, Martina
Schubert-Unger, Mobil: 0152/58388359,
stellplatz@harzmobil.de,
www.harzmobil.de

Weitere Stellplätze (siehe auch www.bordatlas.de):
Schlossparkplatz, Schenkgasse 2, 06484 Quedlinburg,
Tel.: 03946/91080, www.quedlinburg.de

Mehr Stellplätze: www.harzinfo.de

■ NATUR UND KULTUR, TRADITION UND MODERNE

Naturschutzzentrum Südschwarzwald, Haus der Natur am Feldberg
Dr.-Pilet-Spur 4
79868 Feldberg
Tel.: 07676/933630
www.naturpark-suedschwarzwald.de

TREKKING-CAMPS: ÜBERNACHTEN IM ZELT

Fläche in km²: 3.940
Gegründet: 1999
Geografische Lage: Im äußersten Südwesten Baden-Württembergs, in unmittelbarer Nähe zu Frankreich und der Schweiz
Das gibt's: Mosaik aus Natur- und Kulturlandschaft, dichte Wälder, weite, offene Landschaft, Täler und Schluchten, Bäche, Flüsse und Seen
Erlebnis: Wandern, Radeln, Erlebnispfade erkunden, Geocaching, Schneeschuhwandern, Langlaufen

Stellplatz Todtnau

Stadtgarten Feldbergstraße
79674 Todtnau
Tel.: 07671/962446
www.stellplatz.keller-wohnmobil.de

Ruhig gelegene Stellflächen im Stadtgarten

GPS: 47°49'56.00"N/7°57'20.00"E

Platz: 🚐 = 10 auf Schotterrasen, Schotter. 🐕 ➘ ⚓ CHEM GRAU 🛁. Gebühr bei Ankunft sofort zu bezahlen – über Briefumschlag oder über Parknow-App. Ganzjährig geöffnet.

Preis: 10 € inkl. Müll-Entsorgung. Strom 3 €, Wasser 1 €/100 l., Entsorgung 2 €, Kurtaxe (ab 12 J.) 2,20 € (Bezahlung in der Kurverwaltung, dort erhält man die KONUS-Gästekarte mit zahlreichen Vergünstigungen bzw. kostenfreier Nutzung von Bussen, Bahnen und Schwimmbad).

Distanz: Ⓗ 0,3 km, 🛒 0,4 km, 🏠 0,4 km, 🚏 0,4 km.

Freizeit: ≈ 0,4 km. Coaster-Bahn (Sommerrodelbahn) 0,4 km, Mountainbike Funpark Todtnau 0,4 km.

POI: Todtnauer Wasserfall, Haus der Natur am Feldberg 13 km.

Anfahrt: Von Freiburg o. Lörrach auf der B317 in Todtnau → Feldberg, am Ortsausgang (Höhe Penny Markt) nach 0,4 km links zum Stellplatz.

Kontakt: Perter Keller, ☎ 07671/962446, info@keller-wohnmobil.de, www.stellplatz.keller-wohnmobil.de

Weitere Stellplätze: www.schwarzwald-tourismus.info

■ WATT UM DIE GEESTKERN- UND MARSCHINSELN

Multimar Wattforum
Dithmarscher Straße 6
25832 Tönning
Tel.: 04861/96200
**www.nationalpark-
wattenmeer.de/sh/**

Fläche in km²: 4.415
Gegründet/erweitert: 1985/1999
Geografische Lage: Schleswig-
Holsteinischer Teil des Wattenmeeres
in der Nordsee
Das gibt's: Wattenmeer, Strand,
Meer, Ausstellung, Aquarium, Ver-
suchsstationen, Kurzfilme, Animation,
Bildungsangebote
Erlebnis: Wattwandern, Radeln,
Baden

REVIER FÜR SEEHUNDE

Stellplatz Kapitänshaus

Am Freizeitpark 1a
25832 Tönning
Tel.: 04861/617148
www.reisemobil-toenning.de

Am Eiderufer, nahe Wohnmobilhafen Eiderblick

GPS: 54°18'32.00"N/8°56'15.00"E

Platz: = 50 auf Schotterrasen, Wiese. = 50 (16 A) WC CHEM GRAU . Hundewiese/
-dusche. Minimarkt am Platz. Für größere Mo-
bile geeignet. Leinenpflicht für Hunde. Selbst
einchecken möglich. Ganzjährig geöffnet.
Preis: Ab 13 € inkl. WC, Müll-Entsorgung, WLAN. Jede
weitere Pers. 4 €, Strom 0,65 €/kWh, Wasser
1 €/100 l, Dusche 0,20 €/min, Kurtaxe 2 €, Hund
3 €. XXL-Platz 15 €.
Distanz: , 0,7 km, 0,8 km.
Gastro: Imbiss am Platz.

Freizeit: 0,2 km. Deichstrand 0,3 km.
POI: Nationalpark Wattenmeer, Historischer Hafen
0,8 km.
Anfahrt: A23 Hamburg–Heide, weiter auf B5 bis Tönning. Beschilderung Comfort-Camp Eider folgen. Am Campingplatz vorbei und am Ende der
Straße links zum Stellplatz Kapitänshaus.
Kontakt: Silke Birgit Simon, ☎ 04861/617148,
info@campingplatz-toenning.de,
www.reisemobil-toenning.de
Weitere Stellplätze: www.bordatlas.de

■ RUNDE DÖRFER, WEITES LAND

Naturpark Elbhöhen-Wendland
Königsberger Straße 10
29439 Lüchow
Tel.: 05841/120540
**www.naturpark-
elbhoehen-wendland.de**

40 KILOMETER LANGER DRAWEHN-HÖHENZUG

Fläche in km²: 1.160
Gegründet/erweitert: 1968/2006
Geografische Lage: Im nordöst-
lichen Niedersachsen, Landkreise
Lüchow-Dannenberg und Lüneburg
Das gibt's: Fast 100 Rundlingsdörfer,
die auf diese Siedlungsform aus dem
12. Jahrhundert zurückgehen, Ausstellung „Feuer, Heide – neues Leben"
im Nemitzer Heidehaus, Flüsse, Grünland, Mischwald, Heide, Moor
Erlebnis: Wandern, Radeln, Natur
aktiv erleben, Einblicke in Siedlungsform bekommen

Nemitzer Heidehaus

Nemitz 39
29494 Trebel-Nemitz
Tel.: 058489/819443
www.nemitzer-heidehaus.de

*Am Infohaus der Nemitzer Heide
im Naturpark Elbhöhen Wendland*

GPS: 52°59'22.00"N/11°19'58.00"E

Platz: 🅿🚐/🚙🚐 = 10 auf Schotter, Naturboden.
♿🐕➡ = 8 (16 A) 🔌 WC 📶 🚿. ℞ wird empfohlen. Geöffnet: 1.12.-31.10.

Preis: 14 € inkl. aller Personen, Strom, Wasser, WC,
Müll-Entsorgung, WLAN. Dusche 1,50 €/Pers.

Distanz: 🛁 1,3 km, Ⓗ 1,3 km, 🛒 12 km, 🚉 12 km.

Gastro: Frühstück im Café des Infohauses, Restaurant
Trebler Bauernstube 1,3 km.

Freizeit: 〜 16,3 km, 🏖 12 km, 🚴 10,4 km. Wandern/
Radfahren in der Nemitzer Heide und im Naturpark, Kutschfahrten in Trebel 1,9 km, Gartower

See mit Badestelle, Kanu- und Drachenboot-
verleih 12,8 km.

POI: Ausstellung im Heidehaus, Alte Dorfkirche
Trebel 1 km, Fachwerkstadt Lüchow 15,5 km.

Anfahrt: Trebel B493 1,3 km → Nemitz, auf rechter Seite.

Kontakt: ☎ 058489/819443, mail@nemitzer-heidehaus.
de, www.nemitzer-heidehaus.de

Weitere Stellplätze (siehe auch www.bordatlas.de):
Wohnmobilstellplatz Lüchow, Parkstraße, 29439
Lüchow, Tel.: 05841/9747386 , www.wendland-elbe.de
Mehr Stellplätze: www.touren.wendland-elbe.de

■ URLAUB IN DEUTSCHLANDS MÄRCHENHAFTER MITTE

Naturpark-Infozentrum
Sababurg 1
34369 Hofgeismar
Tel.: 05671/999222
www.naturpark-reinhardswald.de

Fläche in km²: 448
Gegründet: 2017
Geografische Lage: Vor den Toren Kassels, umschlossen von den Flüssen Weser, Diemel und Fulda
Das gibt's: Mächtige, jahrhunderte-alte Hute-Eichen und ausgedehnte Buchenwälder, Urwald, Tierpark, Märchenschloss, Binnenhafen und historische Altstädte
Erlebnis: Wandern, Radeln, Kanu fahren, Märchen der Brüder Grimm sowie Sagen in Schlössern und Burgen erleben

FAMILIEN-WALDRALLYE IM DIEMELTAL

Premiumstellplatz Trendelburg

Domäne 2e
34388 Trendelburg
Tel.: 05675/725905
www.stellplatz-trendelburg.de

Inmitten der Natur, umgeben von einer historischen Kulturlandschaft

GPS: 51°34'36.42"N/9°25'38.35"E

Platz:	P 🚐 = 12 auf Sand/Splitt. 🐕 ➡ ⚓ WC CHEM GRAU . R wird empfohlen. Beleuchtet. Anfahrt ab 12:00 Uhr, Abfahrt bis 11:00 Uhr. Geöffnet: März-Ende Oktober, im Winter auf Anfrage.
Preis:	10 € inkl. Entsorgung, WC, Müll-Entsorgung, Hund. Strom 0,50 €/kWh, Wasser 0,10 €/10 l, Dusche 1 €.
Distanz:	🛒 0,1 km, 🏖 0,2 km, Ⓗ 0,3 km, 🚆 0,3 km.
Gastro:	Brötchenservice auf Bestellung.
Freizeit:	≋ 1 km. Diemelradweg, Kanuverleih.
POI:	Burg Trendelburg 0,4 km, Naturdenkmal

Wolkenbruch 1,7 km, Carlsbahntunnel 3,2 km, Wasserschloss in Wülmersen 6 km, Naturpark-Infozentrum Sababurg 11,2 km.
Anfahrt: B7 zur B83, in Trendelburg rechts abbiegen.
Kontakt: Kanu Schumacher, ☎ 05675/725905, info@kanu-schumacher.de, www.stellplatz-trendelburg.de

Weitere Stellplätze (siehe auch www.bordatlas.de):
Reisemobilplatz Sälber Tor, 34369 Hofgeismar, Tel.: 05671/999222, www.reinhardswald.de

Mehr Stellplätze: www.naturpark-reinhardswald.de

ÄLTESTE LANDSCHAFT BRANDENBURGS

Naturparkhaus
Markt 20
04924 Bad Liebenwerda
Tel.: 035341/6150
www.niederlausitzer-heideland-schaft-naturpark.de

Fläche in km²: 484
Gegründet: 1996
Geografische Lage: In Brandenburg
Das gibt's: Heide, Moor, Streuobst-wiesen, Bergbaureliкte, Kleiner Spreewald
Erlebnis: Wandern, Radeln, Reiten, Kremser- und Bootstouren, Angeln, Geocaching

AUERHUHNPROJEKT

Landgasthof Zu den Drei Rosen

Hauptstraße 32
04924 Uebigau-Wahrenbrück OT Winkel
Tel.: 035341/94829
www.rosenwirt-winkel.de

Inmitten von Kiefernwäldern, am kleinen Spreewald

GPS: 51°32'51.53"N/13°23'4.60"E

Platz: ⬛/🚗 = 10 auf Asphalt. 🐕 🐎 🐴.
Aufenthalt max. 24 h, Platz ist beleuchtet. Kein Service. Ganzjährig geöffnet.
Preis: Übernachtung gratis.
Distanz: 🚉 0 km, 🛏 0,1 km, Ⓗ 0,1 km, 🛒 2 km.
Gastro: Landgasthof mit niederlausitzer Köstlichkeiten.
Freizeit: ≈ 4 km, 🏠 4 km, 🚵 2 km. Naturpark Nieder-lausitzer Heidelandschaft, Gewässertourismus Elbe-Elster-Touren, Angeln, Kahnfahrbetrieb 2 km, Erlebnis- und Miniaturenpark "Kleine Lau-sitz" in Elsterwerda 17 km.

POI: Museum des Mitteldeutschen Wander-marionettentheaters Bad Liebenwerda 4 km, Elster-Natoureum Maasdorf 5 km.
Anfahrt: Direkt an der B101.
Kontakt: Diana Uhlemann, ☎ 035341/94829, gasthof-zu-den-drei-rosen@gmx.de, www.rosenwirt-winkel.de
Weitere Stellplätze (siehe auch www.bordatlas.de):
Themencamping Grünewalder Lauch,
Lauchstraße 99, 01979 Lauchhammer-Grünewalde, Tel.: 03574/3826, www.themencamping.de

■ BUCHEN-URWALD UND GROSSER STAUSEE

Nationalparkzentrum Kellerwald
Weg zur Wildnis 1
34516 Vöhl-Herzhausen
Tel.: 05621/9040160
**www.nationalpark-
kellerwald-edersee.de**

Fläche in km²: 77
Gegründet: 2004
Geografische Lage: Im nordhessi-
schen Landkreis Waldeck-Franken-
berg rund um den Edersee
Das gibt's: Uralte Buchenwälder
rund um einen der größten Stauseen
Deutschlands, Mittelgebirge, Aus-
stellung „Baum-Traum" zum Thema
Wildnis, Exponate zum Anfassen und
Mitmachen
Erlebnis: Wandern, Radeln, Schwim-
men, mit dem Ranger unterwegs

4D-SINNE-KINO

Camping & Ferienpark Teichmann

Zum Träumen 1A
34516 Vöhl-Herzhausen
Tel.: 05635/245
www.camping-teichmann.de

*Im Eingangsbereich vor der Schranke am
Eingang des Nationalparks Kellerwald-Edersee*

GPS: 51°10'32.73"N/8°53'26.26"E

Platz: 🅿 🚐/🚗🚐 = 10 auf Sand/Splitt, Kiesel. ♿ 🐕 🔌 ⚓ WC CHEM GRAU 📶 🚲. 🅡 wird empfohlen. Komfort-Plätze auf dem Gelände gegen Aufpreis. Ganzjährig geöffnet.

Preis: 19 € inkl. Strom, Wasser, Entsorgung, Müll-Entsorgung, WLAN.

Distanz: 🛒, Ⓗ 0,1 km, 🚉 0,2 km, 🏠 1 km.

Gastro: Restaurant "Seehütte", warme Küche 10:00-22:00 Uhr in der Hauptsaison, GastRaum im Nationalparkzentrum.

Freizeit: ≈ 6 km, 🏞 13 km. Tretboot-/Kanadierverleih,

POI: Kellerwald-/Urwalderlebnissteig, Edersee 2 km. Nationalpark Kellerwald-Edersee 1 km, Baumwipfelpfad 15 km, Schloss Waldeck 17 km.

Anfahrt: B252 zwischen Korbach und Frankenberg, 1 km von Herzhausen → Frankenberg (Eingabe im Navi: Vöhl-Herzhausen, Zum Träumen 1a).

Kontakt: Camping- & Ferienpark Teichmann, ☎ 05635/ 245, info@camping-teichmann.de, www.camping-teichmann.de

Weitere Stellplätze: www.waldecker-land.de, www.edersee.com

■ WANDERVOLLE WASSERWELT

Naturparkzentrum Wachtendonk
Haus Püllen
Feldstraße 35
47669 Wachtendonk
Tel.: 02162/81709430
www.npsn.de

Fläche in km²: 435/870
Gegründet/erweitert: 1965/2007
Geografische Lage: In Nordrhein-Westfalen, grenzübergreifend mit den Niederlanden
Das gibt's: Typisch niederrheinische Landschaft mit Seen, Flüssen, Bächen und Bruchflächen, urtypische Wälder, Weiden, Ackerflure und Heide
Erlebnis: Wandern, Radeln, Mountainbike, Geocaching, Naturpark entdecken, Erlebnispfad Wachtendonk

MOBILES WALDLABOR

Stellplatz Achter de Stadt

Achter de Stadt
47669 Wachtendonk
Tel.: 02836/915565
www.wachtendonk.de

In ruhiger, zentraler Lage am Ortsrand

GPS: 51°24'23.82"N/6°19'50.34"E

Platz: ▣ 🚐 = 24 auf Schotterrasen, Schotter. 🐕
🚰 = 18 (16 A) ⚓ CHEM GRAU 🛜 ✗ ≈.
Aufenthalt unbegrenzt. Ganzjährig geöffnet.
Preis: 7 € inkl. Entsorgung, Müll-Entsorgung, WLAN. Strom 0,50 €/kWh, Wasser 0,50 €/60 l.
Distanz: 🚏 0,1 km, 🛒 0,3 km, 🛒 0,4 km, Ⓗ 0,6 km.
Freizeit: 🚲 0,2 km. Kanu fahren, Naturerlebnispfad 0,5 km, Wellness- und Saunaanlage 0,6 km, ⛺ 0,6 km, Wasserskiseilbahn, Strandbad, Aqua-Park, Stand-up-Paddling (SUP) 6 km.
POI: Restaurierte Burgruine und archäologische

Baudenkmäler im Ort 0,3 km, Naturparkzentrum Wachtendonk 0,4 km.
Anfahrt: A40 Ausfahrt Wachtendonk, auf der Kempener Straße und der Slümerstraße Wachtendonk nordöstlich umfahren, nach ARAL links in die Wankumer Straße, wieder links "Achter de Stadt", beschildert.
Kontakt: Gemeinde Wachtendonk, ☎ 02836/915565, tourist-information@wachtendonk.de, www.wachtendonk.de
Weitere Stellplätze: www.niederrhein-tourismus.de

■ GRÜNE WEITEN IM WESTERWALD

Rhein im Westen
Touristik-Verband Wiedtal
Neuwieder Straße 61
56588 Waldbreitbach
Tel.: 02638/4017
www.naturpark-rhein-westerwald.de, www.wiedtal.de

Fläche in km²: 470
Gegründet: 1962
Geografische Lage: In Rheinland-Pfalz, rechtsrheinisch im Norden zwischen Neuwied und Unkel
Das gibt's: Rheintal, steile und sonnige Weinhänge, Bachtäler, ausgedehnte Wälder, seltene Tier- und Pflanzenarten sowie Zeugnisse des ehemaligen Eisenbergbaus
Erlebnis: Wandern, Radeln, Entdeckertouren, Kräuterwanderungen

2004 BIS 2006 GEOGRAPHISCHER MITTELPUNKT DER EU IN KLEINMAISCHEID

Stellplatz am Camping Strandbad

Strandbadweg 8
56588 Waldbreitbach
Tel.: 02638/1295
www.camping-strandbad.de

Vor dem Campingplatz im Wiedtal

GPS: 50°33'19.00"N/7°25'11.00"E

Platz:	🅿 🚐 = 9 auf Schotter. ♿ 🐕 ➡ 🚿 WC CHEM GRAU 🚽 ⚓ 🛶 ≈. 🅱 nur bei Gruppen. Gasflaschentausch bei Camping Wiedhof gegenüber. Ganzjährig geöffnet.
Preis:	10 € inkl. Entsorgung. Strom 3 €, Wasser 1 €/90l, Müll-Entsorgung 2 €, Kurtaxe 0,60 €, Kurtaxe (6-14 J.) 0,30 €, Hund 1 €.
Distanz:	🛒 , Ⓗ 0,3 km, 🛍 0,3 km, 🍴 0,3 km.
Freizeit:	≈ 0,3 km. Angeln, Gleitschirmfliegen 5 km.
POI:	Internationale Krippenausstellung, Weihnachtsdorf Waldbreitbach, Alte Dorfschmiede 0,3 km,

Burg Altwied-Neuwied 12 km, Limesturm Rheinbrohl 14 km, Linz am Rhein 16 km.
Anfahrt: A3 Ausfahrt Neuwied, B256 → Neuwied, L257 → Niederbreitbach, L255 rechts nach Waldbreitbach.
Kontakt: Patrick Wenz, ☎ 02638/1295, mail@wiedtalcamping.de, www.camping-strandbad.de

Weitere Stellplätze: www.bordatlas.de

■ DER NATUR AUF DER SPUR

Naturpark Bayerischer Wald
Info-Zentrum 3
94227 Zwiesel
Tel.: 09922/802480
www.naturpark-bayer-wald.de

Fläche in km²: 2.783
Gegründet: 1967
Geografische Lage: Zwischen Donau und den Hochlagen, entlang der bayerisch-böhmischen Grenze
Das gibt's: Lallinger Winkel, Bergmischwald, Hochlagenfichtenwälder und Hochmoore
Erlebnis: Wandern, Radeln, Umweltbildung

NATURPARKWELTEN IN BAYERISCH EISENSTEIN

Stellplatz am Karoli

Vdk-Heim-Straße
94065 Waldkirchen
Tel.: 08581/19433
www.waldkirchen.de

Parkplatz hinter der Karoli-Eissporthalle

GPS: 48°43'20.40"N/13°36'10.76"E

Platz: P 🚐 = 10 auf Schotter. 🐕 🚐 = 10 ⚓ CHEM GRAU. Aufenthalt max. 5 Tage, beleuchtet, Duschen im Badepark gegen Gebühr. Ganzjährig geöffnet.

Preis: 10 € inkl. Grauwasser-Entsorgung. Strom 0,50 €/kWh, Wasser 1 €/100 l. Bezahlung am Parkscheinautomat. Gutschein mit 20 % Nachlass beim Eintritt in den Karoli Badepark.

Distanz: Ⓗ 0,1 km, 🚆 0,4 km, 🛏 1,5 km, 🛒 2 km.

Gastro: Im Hallenbad, warme Küche ganztägig, Frühstück/Brötchenservice (am Vortag bestellen).

Freizeit: ≈ 0,1 km. Tenniscenter 0,2 km, Naturschutzgebiet Saußbachklamm 1 km.

POI: Karoli-Kapelle 0,5 km, historischer Marktplatz, Museum Goldener Steig 1 km.

Anfahrt: A3 → Passau, über Landstraße bis Waldkirchen, in der Ortsmitte → Karoli-Badepark, dort rechts, VdK-Heim-Straße 0,2 km, dann links.

Kontakt: Stadt Waldkirchen, ☎ 08581/19433, tourismus@waldkirchen.de, www.waldkirchen.de

Weitere Stellplätze: www.arberland-bayerischer-wald.de

OASE DER METROPOLE

Barnim Panorama Naturparkzentrum
Breitscheidstraße 8-9
16348 Wandlitz
Tel.: 033397/360505
www.barnim-naturpark.de

Fläche in km²: 749
Gegründet: 1998
Geografische Lage: Einziges gemeinsames Großschutzgebiet der Länder Brandenburg und Berlin, nahe der Hauptstadt
Das gibt's: Geprägt durch die aus der Eiszeit stammende Barnimplatte, Urstromtäler, Oderbruch
Erlebnis: Wandern, Radeln, Angeln, Baden, Kanu

DREI WALDSCHULEN

Stellplatz am Sport- und Spielplatz

Am krummen Pfuhl
16348 Wandlitz
Tel.: 033397/660
www.wandlitz.de

Am Ortsrand, 3 km neben der A11

GPS: 52°47'29.16"N/13°32'44.42"E

Platz: 🅿 🚐 = 7 auf Sand/Splitt. 🐕 ➡ 🚰. Von November-März kein Wasser, Aufenthalt max. 3 Tage. Ganzjährig geöffnet.
Preis: Übernachtung gratis. Strom 1 €/4 h, Wasser 1 €/50 l.
Distanz: 🛒 1 km, 🍴 1 km, 🛒 1,5 km, Ⓗ 4 km.
Freizeit: 🏊 8 km. Wassersport, 27-Loch-Golfplatz 2 km.
POI: Feriendorf Dorado 5,5 km, Wildpark Schorfheide 18,8 km, Schloss Dammsmühle 20 km.
Anfahrt: A11 Ausfahrt 13 → Prenden, weiter auf Lanker Allee und Prendener Dorfstr., am Ortsausgang links oder über B109 → Schorfheide, bei Klosterheide rechts auf Prendener Str., weiter auf Klosterfelder Damm, am Ortseingang rechts.
Kontakt: ☎ 033397/660, gemeinde@wandlitz.de, www.wandlitz.de

Weitere Stellplätze (siehe auch www.bordatlas.de):
Reisemobilstellplatz am Schlosshafen Oranienburg,
Rungestraße 47, 16515 Oranienburg, Tel.: 03301/203135, www.oranienburg-erleben.de/schlosshafen

■ GRÖSSTER NATURPARK NIEDERSACHSENS

Zweckverband Naturpark
Wildeshauser Geest
Delmenhorster Straße 6
27793 Wildeshausen
Tel.: 04431/85351
www.wildegeest.de

Fläche in km²: 1.500
Gegründet: 1984
Geografische Lage: Im Norden
Deutschlands, südwestlich der Städte
Bremen und Oldenburg
Das gibt's: Artenreiche Mischwälder
und blühende Heide, Flüsse und Wie-
sen, Moore und Sanddünen, Alleen
und kleine Orte
Erlebnis: Wandern, Radeln, Wasser-
wandern, Boot fahren,

MINDESTENS 37
E-BIKE-LADESTATIONEN

Stellplatz am Krandelbad

Krandelstraße
27793 Wildeshausen
Tel.: 04431/6564
www.wildeshausen.de
Am westlichen Ortsrand in zentraler Lage

GPS: 52°54'1.79"N/8°25'38.16"E

Platz: 🅿 🚐 = 30 auf Pflaster, Sand/Splitt. ♿ 🐕
➡ = 30 (16 A) 🚰 GRAU 🚽 ✉ 🐴 🚐. Infotafel, Sitzgruppe mit Feuerstelle. Dusche im Wellness-
center gegen Gebühr, nächste VE bei Caravan-
Service Sontag, 1 km. Ganzjährig geöffnet.

Preis: 10 € inkl. aller Personen, Entsorgung, Müll-Entsorgung. Strom 0,50 €/kWh, Wasser 1 €/100 l.
Bargeldlose Bezahlung am Kassenautomat.

Distanz: 🚉 0,5 km, Ⓗ 1 km, 🛒 1,3 km, 🏪 1,3 km.

Gastro: Frühstück sowie warme Gerichte und Snacks ab
mittags in "Auszeit – Sport & Wellness".

Freizeit: 🏊 0,2 km, 🏞 0,2 km, 🚴 5 km. E-Bike-
Ladestation am Bike&Ride-Stellplatz/Bahnhof
Wildeshausen, Angeln 1 km, Tennisplatz 2,5 km.

POI: Basilika (Alexanderkirche) 1,5 km, Brennerei-
museum 1,5 km, Großsteingräber 3 km.

Kontakt: Tourist-Information im Rathaus,
☎ 04431/6564,
info@verkehrsverein-wildeshausen.de,
www.wildeshausen.de

Weitere Stellplätze: www.wildegeest.de

■ WEIN. WALD. WOHLFÜHLEN.

Naturparkzentrum
Stromberg-Heuchelberg
Stausee Ehmetsklinge
74374 Zaberfeld
Tel.: 07046/884815
**www.naturpark-
stromberg-heuchelberg.de**

Fläche in km²: 410
Gegründet: 1980
Geografische Lage: In Baden-Würt-
temberg, zwischen Karlsruhe, Heil-
bronn, Ludwigburg und Pforzheim
Das gibt's: Blühender Naturpark mit
Wald, Wiesen und Weiden, geprägt
durch die namengebenden Höhen-
züge, Weinhänge
Erlebnis: Wandern, Radeln, Natur-
park- und Weinerlebnisführungen,
Erlebnispfade, Kletterwald Bretten/
Illingen

WILDKATZENWELT
STROMBERG

Wohnmobilstellplatz an der Ehmetsklinge

Seestraße
74374 Zaberfeld
Tel.: 07046/96260
www.zaberfeld.de

Nahe Stausee, mitten im Naturpark Stromberg-Heuchelberg

GPS: 49°3'21.11"N/8°54'58.11"E

Platz: P 🚐 = 3 auf Schotterrasen, Schotter. ➡🚰
CHEM GRAU ⚲ 🐕. Längere Aufenthalte nach te-
lefonischer Rücksprache. Ganzjährig geöffnet.
Preis: Übernachtung gratis. Strom 1 €/kWh, Was-
ser ab 0,50 €, Entsorgung nach Verbrauch in
0,50 €-Münzen.
Distanz: 🚏 0,1 km, Ⓗ 0,8 km, 🛒 0,8 km, 🏠 0,8 km.
Freizeit: Badesee 0,1 km, Erlebnispfad Wasserwelten/
Hirschkäferparcours 1 km, Katzenbachsee
2,5 km, Erlebnispark Tripsdrill 15 km.
Anfahrt: In Zaberfeld den Schildern → Seehotel folgen.

Kontakt: Gemeinde Zaberfeld, ☎ 07046/96260,
gemeinde@zaberfeld.de,
www.zaberfeld.de

Weitere Stellplätze (siehe auch www.bordatlas.de):
Wohnmobilhalt an der Hilsbach, Talstraße, 75031
Eppingen, Tel.: 0726/29201155, www.eppingen.de

Wohnmobilstellplatz Maulbronn, Hilsenbeuerstraße/
Talaue, 75433 Maulbronn, Tel.: 07043/1030,
www.maulbronn.de

◼ RUHEPLATZ FÜR REISEVÖGEL

Informationszentrum Pahlhuus
Wittenburger Chaussee 13
19246 Zarrentin am Schaalsee
Tel.: 038851/3020
www.schaalsee.de

Fläche in km²: 310
Gegründet: 2000
Geografische Lage: In Mecklenburg-Vorpommern, zwischen den Ballungszentren Hamburg, Lübeck und Schwerin, Landschaftsraum: Baltisches Buchenwaldareal
Das gibt's: Moore und Seen, Felder, Weideland und Feuchtwiesen sowie naturnahe Buchenwälder rund um den 24 Quadratkilometer großen Schaalsee
Erlebnis: Wandern, Radeln, Vögel beobachten, Boot fahren, Baden, Angeln

360-GRAD-BLICK VON DER BRÜCKE AM KIRCHENSEE

Stellplatz am Schaalsee

Wolfsschlucht
19246 Zarrentin am Schaalsee
Tel.: 038851/838710
www.zarrentin.de

Auf einem Parkplatz am Ortsrand

GPS: 53°32'45.81"N/10°55'34.23"E

Platz:	🅿 🚐/🚗🚐 = 10 auf Schotterrasen. 🐕 🚻 ♨ 〰. Ganzjährig geöffnet.
Preis:	10 €. WC 0,50 €. Nutzung der Sanitäranlagen im Badebereich während der Saison gegen Eintritt.
Distanz:	🚉 0,1 km, weitere Restaurants in 0,5 km, 🛒 0,9 km, 🚂 1 km.
Gastro:	Seepavillon 0,5 km, Schaalseefischerei 0,5 km, Schaalsee-Klause im Badebereich 0,1 km.
Freizeit:	Strandbad Zarrentin 0,1 km, Tretboot-/Ruderbootverleih 0,5 km.
POI:	UNESCO Biosphärenreservat Schaalsee, Infor-

mationszentrum Pahlhuus 0,7 km, Kloster Zarrentin 1,2 km.

Kontakt: ☎ 038851/838710, info@zarrentin.de, www.zarrentin.de

Weitere Stellplätze (siehe auch www.bordatlas.de):
Schaalsee-Camp, Sterleyer Heide 2 (An der Piperseebrücke), 23883 Sterley-Pipersee, Tel.: 04501/412, www.kanu-center.de

■ EINER DER GRÖSSTEN NATURPARKS IN BAYERN

Naturparkinfostelle Burg Hof
am Hohen Regen
Hof am Regen 10
93149 Nittenau
Tel.: 09436/902733
www.bayerischer-wald.org

Fläche in km²: 1.796
Gegründet: 1973
Geografische Lage: In Ostbayern, direkt an der Grenze zu Tschechien
Das gibt's: Bayerwald-Bergkette mit den Gipfeln Arber, Osser, Kaitersberg und Hohenbogen, Seen, Wiesen und Wälder
Erlebnis: Wandern, Gipfel besteigen, Radeln, Mountainbike, Natur erkunden

QUALITÄTS-WANDERWEG GOLDSTEIG

Landgasthaus Lindenhof

Regensburger Straße 11
93199 Zell-Hetzenbach
Tel.: 09468/205
www.lindenhof-hetzenbach.de

Ruhiger Platz hinter dem Hotel neben der Wallfahrtskirche

GPS: 49°8'23.00"N/12°22'45.00"E

Platz:	⬛/⬛ = 3 auf Schotterrasen, Schotter. ♿🐕🐾🚲. 🅿 nur bei Gruppen. Ganzjährig geöffnet. Ausnahme: Pfingstwochenende/Leonhardi im November.
Preis:	5 € inkl. aller Personen. Strom 3 €.
Distanz:	🍴 0 km, weitere Restaurants in 2 km, Ⓗ 0,1 km, 🛒 2 km.
Gastro:	Warme Küche 11:00-21:00 Uhr.
Freizeit:	≈ 8 km, ≈ 15 km. Angeln, Wintersport (Loipe im Ort), Bienenlehrpfad.
POI:	Ruine Lobenstein 3 km, Burg Falkenstein 8 km,

Burgruine Brennberg 12 km, Naturparkinfostelle Burg Hof am Hohen Regen 15,9 km.
Anfahrt: An der ehemaligen B16 Regensburg-Roding.
Kontakt: Familie Piendl, ☎ 09468/205, piendl@lindenhof-hetzenbach.de, www.lindenhof-hetzenbach.de

Weitere Stellplätze (siehe auch www.bordatlas.de):
Stellplatz am Festplatz, Schulstraße 15, 93426 Roding, Tel.: 09461/941815, www.roding.de

Mehr Stellplätze: www.bayerischer-wald.org

Tour mit Ausblick

Von Nord nach Süd: Wer den Schwarzwald im Reisemobil erobert, findet zuerst auf 150 Kilometern vier der schönsten mittelalterlichen Klöster im westlichen Baden-Württemberg. Danach lockt weltlicher Genuss – mit wanderfreudigen Eseln und beim Urlaub auf dem Bauernhof.

Von Claus-Georg Petri und Simon Ribnitzky

Geheimnisvoll erhebt sich der Schwarzwald auf der anderen Seite der Windschutzscheibe und macht seinem Namen alle Ehre: Aus der Ferne sieht Deutschlands höchstes und größtes zusammenhängende Mittelgebirge vor allem dunkel aus.

Je näher das Reisemobil seinem Ziel kommt, desto weniger bestätigt sich dieser erste Eindruck. Hell und freundlich, von Wiesen und Lichtungen durchzogen und dadurch geradezu filigran flankieren Wälder die geschlängelte Landstraße abseits der Autobahn 8, die den Nordschwarzwald zwischen Stuttgart, Pforzheim und Karlsruhe begrenzt.

Zu dem landschaftlichen Erlebnis steht jedoch zunächst eine Themenroute an: die Klosterroute Nordschwarzwald. Sie führt durch den nördlichen und mittleren Schwarzwald – und zum UNESCO-Weltkulturerbe Kloster Maulbronn, zu Kloster Hirsau, Kloster Maria Reuthin bei Wildberg und Kloster Alpirsbach.

Idealer Startpunkt der Klosterroute ist Kloster Maulbronn nordöstlich von Pforzheim. Die Anlage liegt zwar nicht direkt im, aber doch am Schwarzwald. Sie zählt seit 1993 als das besterhaltene mittelalterliche Zisterzienserkloster nördlich der Alpen zum UNESCO-Weltkulturerbe und ist schon deshalb eine Reise wert.

Außerdem, und das dürfte nicht nur für Schwaben wichtig sein, stammen von hier die Herrgottsbscheißerle – die angeblich nach dem Kloster benannten Maultaschen. Diese Teigtaschen ermöglichten es findigen wie sparsamen (schwäbischen) Mön- ▶

Fotos: Jessen-Oestergaard, Achim Mede/ssg

Göttlich bis ins Detail: Kreuzgang und Brunnen tragen zur Ruhe bei, die über der gesamten Anlage liegt. Besucher spüren die Atmosphäre, die hier seit Jahrhunderten herrscht.

Komplett erhalten: Kloster Maulbronn gehört seit 1993 zum Weltkulturerbe der UNESCO. Hier sollen Mönche die Maultaschen ausgeklügelt haben.

chen, Fleisch freitags und in der Fastenzeit vor den Augen des lieben Gottes vorbei auf den Teller zu schmuggeln. Der soll milde gelächelt haben.

Tatsächlich reichen die Wurzeln von Kloster Maulbronn zurück bis in die Mitte des 12. Jahrhunderts. Die noch heute unversehrten Gebäude der kirchlichen Anlage werden benutzt – wenn auch zweckentfremdet: In der Anlage finden sich mehrere Restaurants, die Polizeistation, das Rathaus und Verwaltungsämter von Maulbronn. In einigen Klostergebäu-

den residiert sogar ein evangelisches Gymnasium mit Internat.

Wer nun knapp 50 Kilometer über Bundesstraßen gen Süden kurvt, gelangt nach Calw und damit in den Nordschwarzwald. Geprägt ist die Hermann-Hesse-Stadt, der Dichter wurde hier 1877 geboren, vom mittelalterlichen Grundriss aus dem 13. und 14. Jahrhundert sowie von 200 denkmalgeschützten Fachwerkhäusern des späten 17. Jahrhunderts.

Vier Kilometer vor den Toren dieses Kleinods wartet Kloster Hirsau. Das

frühere Benediktinerkloster St. Peter und Paul gilt als das in der Klosterbewegung von Cluny im 11. und 12. Jahrhundert bedeutendste deutsche Reformkloster nördlich der Alpen. Doch es überlebte nicht: 1692 zerstörten französische Truppen im Pfälzischen Erbfolgekrieg die göttliche Anlage.

Zu sehen gibt es heute baugeschichtlich äußerst wichtige Ruinen. Dazu gehören die romanische Säulenbasilika, einst größte romanische Kirche Südwestdeutschlands, der gotische Kreuzgang, die spätgotische

Marienkapelle und die Ruine eines Renaissanceschlosses. In deren Mauern stand bis 1989 die von Ludwig Uhland besungene Ulme zu Hirsau. Wer all das sacken lassen möchte, findet im Klosterhof ein Café.

Danach geht's weiter südwärts. Durch das Nagoldtal rollt das Mobil vorbei an der Wallanlage Rudersberg aus der Bronzezeit und der Burgruine Waldeck. Nach 18 Kilometern schon ist Wildberg erreicht. Die Schäferlaufstadt in einer Nagoldschleife hat ihre vielen Fachwerkhäuser herausgeputzt und bewahrt ihre Burgruine.

Auf der anderen Seite des Flusses steht Kloster Maria Reuthin, zu erreichen über eine Brücke. Das Dominikanerkloster geht auf seinen Ursprung im Jahr 1252 zurück. Es wirtschaftete über Jahrhunderte stabil, wurde aber im Bauernkrieg 1525 geplündert. Die Nonnen verweigerten nach 1535 das reformatorische Bekenntnis, dennoch begann ab 1599 eine profane Nutzung – bis ein Feuer 1824 Kirche und Hauptgebäude zerstörte.

Heute beherbergt der Fruchtkasten der Anlage das städtische Heimatmuseum. Nebenan ist – noch weltlicher – eine Polizeiwache untergebracht. Dazu kommen Musikschule und andere Kulturstätten. Tipp: Gleich vor dem Gelände erstreckt sich der Stellplatz direkt entlang der Nagold.

Via Altensteig und Freudenstadt richtet sich das Reisemobil knapp 60 Kilometer nach Südwesten aus. Dann ist Kloster Alpirsbach erreicht. Der Ort ist besonders durch seine Brauerei bekannt. Beides, Bier und Benediktinerkloster, ist vom Stellplatz aus gleich gut zu erreichen.

Der Orden hat sich hier im Kinzigtal verewigt: Sein Kloster wurde am 16. Januar 1095 vom Konstanzer Bischof Gebhard III. geweiht und dominiert seither das Städtchen. Noch heute beeindruckt der spätgotische Kreuzgang. Das Klostermuseum zeigt Alltagsdinge von Klosterschülern aus dem 16. Jahrhundert, darunter Schuhe und sogar

Fotos: Dieter Geißler/ssg

Sehenswerte Gebäude: In Kloster Hirsau steht eine romanische Säulenbasilika, und die spätgotische Marienkapelle ist ein Ort der Stille.

Fotos: Niels Schubert, Achim Mende/ssg

Herausragendes Bauwerk: Kloster Alpirsbach hat den gesamten Ort geprägt. Bemerkenswert ist der Altar.

eine nicht mehr ganz moderne Hose. Tolle Zeitreise, hier im Schwarzwald.

Als Abwechslung nach so viel geistiger und kultureller Nahrung lockt eine Wanderung in der Natur des Schwarzwalds. Perfekt dafür geeignet: eine Eselwanderung mit Andreas Harr in Freudenstadt-Grüntal.

„Es gibt noch ein Leben jenseits des hektischen Alltags", lautet sein Motto. Reiten dürfen auf Jule und Nelly, Jack und Eddi nur Kinder, Erwachsene führen die Langohren an einer Leine. So durch den Schwarzwald zu wandern entschleunigt unglaublich.

Gut 800 bis 900 Eselfreunde zählt Harr inzwischen pro Jahr, darunter viele Familien. „Die Kinder laufen die vier Kilometer lange Strecke, ohne zu meckern, die merken das gar nicht",

lacht Harr. Und wenn es doch mal zu anstrengend wird, klettern die Kleinen zumindest für ein Stück des Weges auf Jules Rücken.

Einziger Wehmutstropfen für Reisemobilisten: Stellplätze bietet Andreas Harr nicht an. Die nächsten Übernachtungsmöglichkeiten finden sich in Baiersbronn, Freudenstadt oder, wie schon erwähnt, unweit von Kloster Alpirsbach.

Von dort geht die Fahrt weiter in Richtung Südschwarzwald. Teils auf gut ausgebauten Bundesstraßen, teils auf kleineren Straßen, die sich durch dichten Tann schlängeln, führt die Route über Königsfeld und Unterkirnach (beide mit sehr schön gelegenen Stellplätzen) hinüber nach Titisee-Neustadt.

In Panoramalage, etwas außerhalb, liegt der Haberjockelshof von Familie Heizmann, der einen Stopp lohnt. Wer artig fragt, verbringt hier eine Nacht mit dem Wohnmobil und genießt dann einen fantastischen Blick ins Tal bis zum Titisee.

Beliebtes Ziel: Kloster Wildberg steuern Radler gern an. Reisemobilisten sollten auf dieser Tour ihr Fahrrad dabei haben, es lohnt sich.

Michael Heizmann hat aus seinem Bauernhof einen Erlebnishof gemacht. Kinder helfen Tiere zu füttern und kraulen das Hausschwein am Bauch. Einblick in den Stall bietet ein großes Fenster vom Frühstücksraum aus: „Kuh-TV" nennt das der Landwirt.

Rund um seinen Hof hat Heizmann einen Wanderweg angelegt, der an Stationen Natur mit Unterhaltung verbindet. Auf dem Gägweg können Wanderer ihr Handy mit dem Hammer zerstören, werden auf einer Toilette in der Holzhütte von einem wasserspritzenden Benutzer begrüßt und stoßen auf Schilder mit lustigen Sprüchen. Der Haberjockelshof wirbt nicht zu Unrecht mit seiner „Schwarzwaldgaudi".

Wer sich lieber kulinarischen Genüssen hingibt, probiert auf dem Hof echtes Wagyu-Rindfleisch. Heizmann ist einer der wenigen Züchter der japanischen Edelrinder in der Region. Der Kilopreis liegt bei mehr als 300 Euro. Tipp: Einmal pro Woche bietet Heizmann ein Wagyu-Tasting an.

Von Titisee-Neustadt ist es nicht weit nach Freiburg, in Spitzkehren führt die Straße in die Universitätsstadt, die allein eine Reise wert ist. Doch auch rund um die Großstadt, in den Ausläufern des Schwarzwalds und der Weinberge am Kaiserstuhl lassen sich ein paar entspannte Tage mit dem Wohnmobil verbringen.

In Horben oberhalb Freiburgs vermittelt der Reeshof von Familie Zimmermann Urlaub auf dem Bauernhof in zahlreichen Facetten. Kinder bekommen ein Pflegetier, helfen beim Ausmisten und schauen Küken beim Schlüpfen zu.

Für die Nacht bietet sich auf der anderen Seite Freiburgs, bereits in den Weinbergen rund um den Kaiserstuhl gelegen, Ferienhof Walter an. Einfache Stellflächen für Reisemobile hat der Hof in Freiburg-Opfingen eingerichtet, eine Erweiterung und Ausbau mit Duschen ist geplant.

Kurzweil verspricht das Outdoor Escape Erlebnis Eduardo & das Weingeheimnis. Dabei geht es auf einer drei Kilometer langen Wanderung durchs Dorf und in die Weinberge von einem kniffligen Rätsel zum nächsten.

Tipp: Wer nach dem Rätselspaß hungrig ist, genießt in der Griestal-Strauße regionale Küche, etwa das badische Trio: Wurstsalat, Brägele (Bratkartoffeln) und Bibeliskäs (Kräuterquark).

Wieder hinein in den Schwarzwald, setzt sich die Tour ins Elztal und weiter nach Mühlenbach im Reisemobil fort. Dort wartet der Bogenparcours von Elke und Paul Buchholz. Auf einem 4,5 Kilometer langen Rundweg hat der leidenschaftliche Bogenschütze Paul Buchholz 32 Ziele vom Wildschwein bis zum Schaf im Wald versteckt, Besucher gehen mit Pfeil und Bogen auf die Jagd. Konzentration und eine ruhige Hand sind gefragt, um die 20 bis 30 Meter entfernten Ziele zu treffen. Zum Glück sind die Tiere aus Kunststoff,

Fotos: Simon Ribnitzky

Natur und Genuss: Eine Eselwanderung mit Andreas Harr (2. v. r.) ist bei Kindern sehr beliebt. In der Marktscheune Berghaupten bieten Bauern ihre Produkte aus der Region an.

obwohl sie mitunter täuschend echt aussehen. Direkt am Startpunkt hat Buchholz drei einfache Stellplätze für Wohnmobile eingerichtet.

Wer noch nicht genug hat vom Schwarzwald, der fährt weiter entlang der Kinzig. Nach einem Stopp in der Marktscheune in Berghaupten, die Produkte von Bauern aus der Region anbietet, geht es rechts ab ins Tal des Flüsschens Rench. Über die hübschen Orte Oberkirch und Bad Peterstal-Griesbach schließt sich bei Freudenstadt die Runde.

Schön gelegene Stellplätze entlang der Route laden dazu ein, den Urlaub noch ein bisschen zu verlängern. Der Schwarzwald bietet dafür Attraktionen und Erlebnisse genug.

MOBIL IM SCHWARZWALD

Der Schwarzwald liegt in Baden-Württemberg und ist das höchste und größte zusammenhängende Mittelgebirge Deutschlands. Er erstreckt sich vom Kraichgau im Norden bis zum Hochrhein im Süden über gut 150 Kilometer. Im Norden ist der Schwarzwald 30, im Süden 50 Kilometer breit. Höchster Gipfel ist der Feldberg mit 1.493 Meter über NN. Von hier reicht der Blick über die Höhenzüge des Schwarzwalds, zur Schwäbischen Alb, den Vogesen und bei klarer Sicht sogar bis zu den Alpen.

Um die 150 Kilometer umfasst die hier skizzierte Klosterroute Nordschwarzwald. Sie führt zu den Klöstern Maulbronn, Hirsau, Maria Reuthin in Wildberg und Alpirsbach. Auf der Fahrt eröffnen sich die typischen Landschaften des Nordschwarzwalds, die von kargen Hochflächen bis zu dicht bewaldeten Tälern reichen – eine sehr abwechslungsreiche Route. Die weitere Strecke von Freudenstadt bis Freiburg ist 140 Kilometer lang. Die hier beschriebene Route richtet sich an jene Reisemobilisten, die gern auf einem Bauernhof übernachten – und bei dieser Gelegenheit auch mal mit anpacken.

i **Schwarzwald-Tourismus**, Wiesentalstraße 5, 79115 Freiburg, Tel.: 0761/896460, www.schwarzwald-tourismus.info

Klosterroute Nordschwarzwald: www.schwarzwald-tourismus.info
Landesarbeitsgemeinschaft Urlaub auf dem Bauernhof in Baden-Württemberg: Merzhauser Straße 111, 79100 Freiburg, Tel.: 0761/27133600, www.urlaub-bauernhof.de

Kloster Alpirsbach, Klosterplatz 1, 72275 Alpirsbach, Tel.: 07444/51061, www.kloster-alpirsbach.de
Kloster Hirsau, 75365 Calw-Hirsau, Außenanlage mit Café tagsüber frei zugänglich, www.klosterhirsau.de
Kloster Maulbronn, Klosterhof 5, 75433 Maulbronn, Tel.: 07043/926610, www.kloster-maulbronn.de
Kloster Reuthin, Klosterhof 1, 72218 Wildberg, www.wildberg.de/kultur-tourismus/museum
Eselwanderung, Harr Naturnah, Hallwanger Straße 16, 72250 Freudenstadt-Grüntal, Tel.: 07443/30293, www.harr-naturnah.de
Gägweg, Haberjockelshof, Familie Heizmann, Schwärzenbach 24, 79822 Titisee-Neustadt, Tel.: 07657/8353, www.haberjockelshof.de
Reeshof, Familie Zimmermann, Münzenriedweg 4a, 79289 Horben, Tel.: 0761/2990, www.reeshof.de
Eduardo & das Weingeheimnis, Ferienhof Walter, Wippertskirch 2, 79112 Freiburg-Opfingen, Tel.: 07664/1396, www.ferienhof-walter.de

Bogenparcours Schwarzwald, Schwabenhof, Büchern 33, 77796 Mühlenbach, Tel.: 07832/8196, www.bogenparcours-schwarzwald.de

Café im Kloster, Klosterhof 7, 75365 Calw-Hirsau, Tel.: 07051/9665719, www.cafeimkloster.de
Griestal-Strauße, Griestal 2, 79112 Freiburg-Opfingen, Tel.: 07664/400675, www.griestal-strausse.de
Marktscheune, Auf dem Grün 1, 77791 Berghaupten, Tel.: 07803/9279822, www.markt-scheune.com

Alpirsbach: Stellplatz Bahnhofstraße, Bahnhofstraße, Tel.: 07444/9516281, www.alpirsbach.de
Bad Peterstal-Griesbach: An den Heilquellen Stellplatz, Schwarzwaldstraße 40, Tel.: 07806/986600, www.an-den-heilquellen.de
Calw: Stellplatz am Alten Bahnhof, Bahnhofstraße, Tel.: 07051/167399, www.calw.de
Gengenbach: Womo Park Gengenbach, Berhauptenerstraße 2 am Kinzigdamm, Tel.: 07824/6649670, www.womoparkortenau.de
Königsfeld im Schwarzwald: Reisemobil-Park Bregnitzhof, Buchenberger Straße 34, Tel.: 07725/9164811, www.reisemobilpark-bregnitzhof.de
Lautenbach: Wohnmobilstellplatz Lautenbach, Waldstraße 1, Tel.: 07802/92590, www.lautenbach-renchtal.de
Maulbronn: Stellplatz Hilsenbeuerstraße/Talaue, Tel.: 07043/1030, www.maulbronn.de
Oberkirch: Stellplatz Oberkirch, Renchallee, Tel.: 07802/82600, www.renchtal-tourismus.de

Urlaub auf dem Bauernhof: vielerorts (hier: Haber-Jockelshof) auch mit dem Camper möglich.

Unterkirnach: Stellplatz Unterkirnach, Rathausplatz, Tel.: 07721/800837, www.unterkirnach.de
Wildberg: Wohnmobilstellplatz Wildberg, Klosterhof, Tel.: 07054/201120, www.wildberg.de

Schöne Stellplätze: Wie hier in Oberkirch, stehen Reisemobilisten oft im Grünen.

🏕 **Alpirsbach:** Camping Alpirsbach, Grenzbühler Weg 18, Tel.: 07444/6313, www.camping-alpirsbach.de
Calw: Camp Obere Mühle, Obere Mühle 2, Tel.: 07051/4844, www.camp-oberemuehle.de
Freiburg:
• Busses Camping, Waldseestraße 77, Tel.: 0761/7679333, www.camping-freiburg.com
• Camping Hirzberg, Kartäuserstraße 99, Tel.: 0761/35054, www.freiburg-camping.de
Hinterzarten:
• Camping Bühlhof, Bühlhofweg 13, Tel.: 07652/1606, www.camping-buehlhof.de
• Campingplatz Bankenhof, Bruderhalde 31A, Tel.: 07652/1351, www.camping-bankenhof.de
• Naturcamping Weiherhof, Bruderhalde 25, Tel.: 0177/2190959, www.camping-titisee.de
Kirchzarten: Campingplatz Kirchzarten, Dietenbacher Straße 17, Tel.: 07661/9040910, www.camping-kirchzarten.de
Knittlingen (sechs Kilometer bis Maulbronn): Stromberg Camping, Diefenbacher Straße 70, Tel.: 07043/2160, www.strombergcamping.de
Schönwald im Schwarzwald: Lynx Camp & Camping Resort, Friedhofstraße 18, Tel.: 07722/8686786, www.lynx.camp
Seelbach: Ferienparadies Schwarzwälder Hof, Tretenhofstraße 76, Tel.: 07823/960950, www.spacamping.de

Titisee-Neustadt: Sandbank Camping, Seerundweg 9, Tel.: 07651/9724848, www.camping-sandbank.de
Wildberg: Camping Carpe Diem, Martinshölzle 6-8, Tel.: 07054/931851, www.campingcarpediem.de
Camping auf dem Bauernhof:
Freiburg-Opfingen: Ferienhof Walter, Wippertskirch 2, Tel.: 07664/1396, www.ferienhof-walter.de
Königschaffhausen: Kirschenhof Schmidt, Wohnmobilgarten, Königsweg 1, Tel.: 07642/9282845, www.kirschenhof-schmidt.de
Oberried: Kirnermarteshof, Vörlinsbach 22, Tel.: 07661/4727, www.kirnermarteshof.de

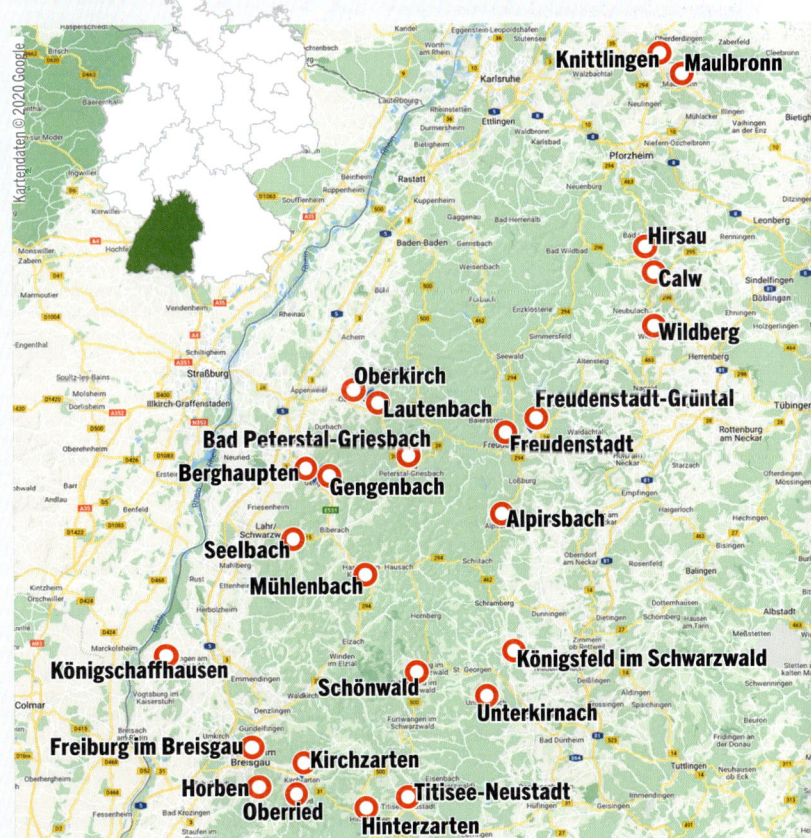

Kartendaten © 2020 Google

◼ BILDNACHWEISE

Fotos mit freundlicher Genehmigung der Städte, Tourist-Informationen und Stellplatzbetreiber, insbesondere:
- Titelbild/Umschlag: shutterstock/auerimages
- Editorial: shutterstock/Günter Albers
- Gastkommentar Naturschutz, S. 6/7: shutterstock/skapuka, cgp

Ahlbeck/Seebad: Torsten Maue, Thomas; Ahlefeld-Bistensee: BAW, Tjark; Alt Schwerin: Wolfgang Manousek, Inselcamping Werder; Altwarp: Tomasz Przywecki, cgp; Angermünde-Kerkow: Thomas Mues, Steffen Zahn; Asbach-Sickenberg: Rainer Wendland, 2708622; Bad Bayersoien: Björn Groß, Roland Richter; Bad Belzig: Kai Sebastian Schulte, SteinTherme Bad Belzig; Bad Berleburg: Kerstin Berens, Maarten Takens; Bad Düben: Naturpark Dübener Heide, Stadt Bad Düben; Bad Endbach: G. B., Manfred + Barbara Aulbach; Bad Frankenhausen: Torsten Maue, Artur Diegel; Bad Iburg: Falk Lademann, Stadtmarketing Bad Iburg; Bad Langensalza: Michael Panse, Bordatlas-Archiv; Bad Reichenhall: BGLT, RupertusTherme; Bad Wildungen: cgp, Marietta Göderz; Barhöft: cgp, Martina Berliner; Beelitz-Klaistow: haidabimbam.com, Buschmann & Winkelmann GmbH; Berchtesgaden: BGLT, Sabine Scholz; Bernburg/Saale: Harald Henkel, Stadt Bernburg; Beuron: cgp, Dieter Heinze; Blaichach: Holzbeinschnitzer, Marietta Göderz; Blankensee bei Neustrelitz-Rödlin: Konrads Bilderwerkstatt, Niteshift (talk); Bleckede: yepyep, Martina Berliner; Blieskastel-Niederwürzbach: LauterGold, Heribert Bechen; Calvörde: funky1opti, Geisterbob; Coswig/Anhalt: Naturpark Fläming/David Ludley, Hartmut Balders; Cuxhaven: Dirk Vorderstraße, Artur Diegel; Cuxhaven-Döse: Wolfgang W., Bordatlas-Archiv; Cuxhaven-Duhnen: Stock/LKN.SH, Thomas Häusler; Detmold: Guido Heitkoetter, Stadt Detmold; Diemelsee-Heringhausen: Naturpark Diemelsee, Günther Kurz; Dömitz: Sönke Haas, Martina Berliner; Eberbach: stanze, Tourist-Info Eberbach; Echternacherbrück: mLu.fotos, Campingpark Echternacherbrück; Egestorf-Nordheide: Naturpark Lüneburger Heide, Achim Buchta; Eichstätt: Wolfgang Manousek, Bordatlas-Archiv; Eisleben/Lutherstadt: Oliver Henze, Uwe Braun; Elmstein: Lutz Blohm, Tourist-Info Elmstein; Erbendorf: Tom Sierek, Robert Mertl; Esche: Jürgen Mangelsdorf, Samtgemeinde Esche; Eutin: Rüdiger Stehn, Tourist-Info Eutin; Fischbach bei Dahn: Baumwipfelpfad; Flörsbachtal-Lohrhaupten: Florian Klum, Udo Jansen; Geeste: Emsland Tourismus, Hartmut Balders; Gemünden/Main: Bayerische Staatsforsten, Tourist-Info Gemünden am Main; Gernsbach-Reichental: Thomas Gerhard, MHikeBike; Geslau-Lauterbach: Markus Schroeder, Mohrenhof Franken; Goldenstedt-Arkeburg: Naturpark Dümmer, NIZ Haus Im Moor/Dorothea Stania; Großschönau-Waltersdorf: Manolo Gómez, Bauernhof Lauscheblick; Habichtswald-Dörnberg: Yannic Meyer, Dr. Hans-Günter Wagner; Hahnenklee-Bockswiese: Patrick Müller, cgp; Hann. Münden: Sales Desk Polen_Znajkraj/www.znajkraj.pl, Stadt Hann. Münden; Havelberg: Smo42, Jürgen Mangelsdorf; Havelsee-Pritzerbe: Sebastian Rabe, distelfliege; Hermeskeil: cordyph, Tourist-Info Hermeskeil; Herrenberg: Michael Mayer, Dieter Heinze; Herzlake: Emsland Touristik GmbH, Udo Helms; Hessisch Oldendorf-Großenwieden: Patrick aka Herjolf, Rodrigo Kurmen Figueroa; Hofheim/Unterfranken: pilot_micha, Tourist-Info Haßberge; Hohenbudberg: Rolf Dietrich Brecher, Freizeit- und Campingpark Thräna; Holzminden-Neuhaus: m66roepers, palm0014; Idstein: Oliver Bildesheim, Philipp Pilson; Kappeln: Robert Anders, Helmut Kribs; Kappelrodeck: cgp, Gemeinde Kappelrodeck; Kargow-Federow: Lüthi Herrmann, Nationalpark-Service Müritz; Kellinghusen: Fonzie, Achim Buchta; Kempfeld: Wander Reporter, Tourist-Info-Herrstein; Kirchenlamitz: Naturpark Fichtelgebirge/F. Trykowski, Stadt Kirchenlamitz; Königslutter am Elm: Thomas Kempernolte, Achim Buchta; Kronach: Frankenwald Tourismus/A. Hub, Helmut Kribs; Kümmersbruck: Matthias Ripp, Udo Helms; Kürten-Broch: Dein Nordrhein-Westfalen, Kingsjong; Langwedel: Rüdiger Stehn, Statkraft; Lauenburg/Elbe: Jürgen, Marina Lauenburg; Lauscha: Armin S. Kowalski, Wanderparadies im Steinachtal; Lindberg: Haus zur Wildnis/Johannes Haslinger; Lohme-Hagen: Udo Schröter, Loitz: thonk25, Stadt Loitz; Lorsch: Kultur- und Tourismusamt Stadt Lorsch; Lübbenau: gravitat-OFF, Spreewald Caravan- und Wohnmobilpark-Dammstraße; Luckau: Thomas Neuber, Maja Dumat; Malchin: Thomas Kohler, Malchiner Kanu-Club; Märkische Höhe-Reichenberg: netgnom, Lebenszentrum Thomas Müntzer; Markt Oberelsbach: Hanno Rathmann, pilot_micha; Markt Wald-Bürgle: Naturpark Augsburg, Wohnmobilpark Markt Wald; Meißner: peterhbgr, Gemeinde Meißner; Möhnesee-Delecke: André de Saint-Paul, Günther Kurz; Mölln/Lauenburg: Frank Behrens, Dieter Heinze; Moosbach: Tom Sierek, Gästeinformation Markt Moosbach; Müllrose: juergend2, Oberlausitzerin64; Münsingen-Trailfingen: Gemeinde Römerstein/Thomas Kiehl, Ostertag Küche+Raum; Murrhardt: blackpictures, Eugen Steinberg; Nassau/Lahn: Touristik Bad Ems-Nassau, Udo Helms; Nebra/Unstrut: Torsten Maue, cgp; Neukloster: André Zehetbauer, Wohnmobilpark am See Neukloster; Neunburg vorm Wald: Matthias Ripp, Alois Köppl; Neustadt am Rübenberge-Mardorf: Klaus, Peter Schilling; Norden-Norddeich: Knokton, Timo Pirch; Nordhausen: Sven Wusch, Attila Németh; Oberhausen bei Kirn: Claus Antes, Pixabay/Christoph Schütz; Oberschwarzach-Breitbach: Baumwipfelpfad Steigerwald/Martin Hertel, Gasthaus „Zur Traube"; Oberursel: Lutz Koch, Philipp Pilson; Pellworm: volkersworld, fs; Pottenstein: TZ Fränkische Schweiz/Florian Trykowski, Falk Lademann; Prüm: Peter Vossen, Wolkenkratzer; Raesfeld: Konrads Bilderwerkstatt, Peter Schilling; Rheinbach: Günter Hentschel, Willy Horsch; Rheinbreitbach: Robert Brands, Ioannes Baptista; Rheinsberg: Gerrit Burow, Wohnmobilstellplatz Rheinsberg; Rühstädt: martin, Tourismusverband Priegnitz; Saalfeld/Saale: Peter Stenzel, Saalfelder Feengrotte; Sankt Andreasberg: cgp, Udo Helms; Saalkenmehren: Heribert Bechen, Wohnmobilpark Vulkaneifel; Schleiden: Dein Nordrhein-Westfalen, Timo Pirch; Schlettau: TV Erzgebirge/R. Gaens, Bordatlas-Archiv; Schönau im Schwarzwald: Hochschwarzwald Tourismus GmbH, Wohnmobilstellplatz Schönau; Schotten: Jorbasa Fotografie, UuMUfQ; Schwedt/Oder: Thomas Gerhard, Artur Diegel; Sellin/Ostseebad: Gertjan van Noord, Uwe Exner; Storkow (Mark): haidabimbam.com, Tourist-Information Burg Storkow; Struppen: Philipp Zieger, Jutta Neumann; Südharz-Stolberg: Sven Wusch, Jürgen Mangelsdorf; Suhl-Vesser: Daniel Keding, Martina Berliner; Tann/Rhön: Charlotta Wasteson, Tourist-Info Tann/Rhön; Templin: Markus Trienke, NaturThermeTemplin; Thale-Friedrichsbrunn: pixel.fabian, Wohnmobilstellplatz Bocksberg; Todtnau: Uwe Häntsch, schaulau; Tönning: Multimar Wattforum/Birresborn/LKN, Gunnar Jacobsen; Trebel-Nemitz: MRH, Nemitzer Heide Touristik; Trendelburg: Markus Trienke, Udo Jansen; Uebigau-Wahrenbrück OT Winkel: Manu, Dustin Hackert; Vöhl-Herzhausen: Patrick Müller, Camping & Ferienpark Teichmann; Wachtendonk: Uwe Potthoff, Helmut Kribs; Waldbreitbach: onnola, Udo Helms; Waldkirchen: Thomas Gerhard, Tourismusbüro Waldkirchen; Wandlitz: SpreePix – Berlin, Rolf Dietrich Bracher; Wildeshausen: Allie Caulfield, UserWilfriedC; Zaberfeld: Touristikgemeinde HeilbronnerLand e.V., Gemeinde Zaberfeld; Zarrentin am Schaalsee: tobias HH, Amt Zarrentin; Zell-Hetzenbach: cordyph, Udo Helms

Herausgeber und Verlag
DoldeMedien Verlag GmbH
Naststraße 19 B
70376 Stuttgart
Mail: info@doldemedien.de

Geschäftsführer
Dr. Oliver Graßy, Tanja Herkert
Verlagsleiterin/Leiterin Produkte
Christine Felsinger

Redaktion
Telefon: 0711/55349-0
Fax: 0711/55349-200
Mail: info@reisemobil-international.de

Chefredakteur
Heiko Paul
Stv. Chefredakteur/Projektleiter
Claus-Georg Petri
Chef vom Dienst
Michael Schwarz,
Sandra Schwarzstein (stv.)
Redaktion
Nadine Baumer, Brigitte Nitsch,
Claus-Georg Petri, Simon Ribnitzky,
Evelyn Ungerer

Produktion/Kartografie
Dolde Werbeagentur GmbH
Gestaltung
Sabina Melchert, Isabel Lipke (FM),
Frank Harm
Reproduktion
Georg Fröhlich, Dagmar Schwarzkopf

Leiterin Vertrieb und Sales
Sandra Bayer
Verkaufsleiterin
Sylke Wohlschiess
Druckunterlagen
Vanessa Pfeiffer

Druck
Himmer GmbH, Augsburg